KAUFHOLZ

mitteldeutscher verlag

TODESSCHREIE AN DER WAISEN-HAUSMAUER Die spektakulärsten Kriminalfälle der DDR 1950–1973

Alle abgedruckten Kriminalfälle dieser Ausgabe erschienen erstmals im Mitteldeutschen Verlag, Halle (Saale), in den Bänden „Tod unterm Hexentanzplatz" (1999), „Der Ripper von Magdeburg" (2001), „Die Arsen-Hexe von Stendal" (2003) bzw. „Der Amokschütze aus der Börde" (2004).

Hinweis: Mit Sternchen (*) versehene Namen in den Kriminalfällen wurden vom Autor geändert.

2. Auflage, 2023
© 2019 mdv Mitteldeutscher Verlag GmbH, Halle (Saale)
www.mitteldeutscherverlag.de

Alle Rechte vorbehalten.

Gesamtherstellung: Mitteldeutscher Verlag, Halle (Saale)

ISBN 978-3-96311-210-2

Printed in the EU

Inhalt

Mord für ein paar Stiegen Obst.................................7
Der Knochenfund in Fermersleben..........................12
Der Mord des falschen Polizisten 16
Der Polizistenmord in Zelle 16................................25
Die Arsen-Hexe von Stendal....................................33
Der Hammer-Mörder von Calbe..............................43
Ein Mord, zwei Geständnisse...................................55
Die Kopfkissen-Mörderin...67
Der Tod des Eisenbahners..77
Der Mörder vom Rotehornpark...............................87
Der Magdeburger Gattenmord...............................102
Der Tote in den Spiegelsbergen..............................111
Todesschreie an der Waisenhausmauer.................122
Der Mord am Kindergartenzaun............................129
Das tote Kind im Schrebergarten...........................136
Der Ripper von Magdeburg....................................148

Mord für ein paar Stiegen Obst

Es sollte ein schöner Abend werden. So hatten es sich Emma Hoppenz und ihr Bekannter August H. jedenfalls vorgenommen. Der Spätsommer ist an diesem 2. September 1950 noch einmal warm und der Weg nahe einem Obstgarten in Gernrode ideal, um den Tag friedlich ausklingen zu lassen.
Völlig unerwartet peitschen plötzlich Schüsse. August H. sieht noch den ungläubigen Blick in den Augen seiner Partnerin, dann stürzt Emma Hoppenz zu Boden. Instinktiv wirft sich H. neben die Sterbende. Das rettet ihm wahrscheinlich das Leben. Denn die nächsten Schüsse, die ihm gelten, gehen über seinen Kopf hinweg.
Kaum 24 Stunden später kontrollieren Nachtwächter Erfurt und sein Kollege in Westerhausen bei Blankenburg eine Plantage. Dabei erwischen sie zwei Männer. Die Apfeldiebe greifen sofort zu den Waffen und schießen auf die Wächter. Erfurt wird von einem Explosivgeschoss der Oberschenkel zerfetzt. Er verblutet. Der zweite Wachmann kann fliehen. Für ein paar Stiegen Obst wurden Diebe zu Mördern.
Die beiden gehören zu einer Bande, die seit 1948 Harz und Vorharz unsicher macht. Auf ihr Konto gehen unzählige Einbrüche, acht Raubüberfälle, vier Mordversuche und die zwei Morde im September 1950. Die Verbrecher nehmen in den Landkreisen Wernigerode, Quedlinburg und Sangerhausen alles mit, was man nur irgendwie zu Geld machen kann: Fahrräder, Autos, Lastkraft- und Ackerwagen, einen 18 Zentner schwe-

Hier wohnten Ende der 1940er-Jahre die Körner-Brüder. Das Gehöft in Döben bei Schönebeck wurde inzwischen saniert.

ren Bullen, Kühe, Schweine, Ziegen und Nahrungsmittel. Wehe demjenigen, der die Bande beim Stehlen ertappt. Wer Glück hat, kommt mit Knüppelschlägen davon.

Die Kripo in Quedlinburg schafft es gar nicht mehr, die Anzeigen zu bearbeiten, von einem Ermittlungserfolg ganz zu schweigen. Die Wahlen stehen in der DDR bevor, und die Polizei des Kreises gerät immer mehr unter Druck. Die Volkspolizei-Landesbehörde Sachsen-Anhalts bildet eine Einsatzgruppe. Ihr Kern ist die Mordkommission. Chef der Sonderermittler wird der Leiter des Dezernats B, VP-Kommandeur Müller.

Zuerst werden die Spuren beider Mord-Tatorte ausgewertet. Die sichergestellten Patronenhülsen gehören zu einem deutschen Karabiner 98 und einer FN-Pistole belgischen Fabrikats.

Müller weist als Nächstes an, alle Wohnungen im Aktionsradius der Bande zu durchsuchen. Besonders gründlich werden mutmaßliche Wilderer und Leute, die verdächtigt werden, illegal Waffen zu besitzen, unter die Lupe genommen. Dabei werden zig schwarze Waffen beschlagnahmt und untersucht, viele Strafverfahren werden eingeleitet, aber auf die Mordwaffen stoßen die Ermittler nicht.

Obwohl die Sonderermittler beinahe 24 Stunden am Tag arbeiten, kommen sie nicht weiter. Es gibt keine heiße Spur. Die zuständige Staatsanwaltschaft stellt die Ermittlungsverfahren vorläufig ein. Die Untersuchung der eingezogenen Pistolen und Gewehre geht auf Anweisung der Landeskriminalpolizei allerdings weiter. Die Waffen werden zu Vergleichszwecken an die kriminaltechnische Untersuchungsstelle nach Halle geschickt. Doch vorerst können auch die Waffenexperten keinen Erfolg verbuchen, und selbst die größten Optimisten beginnen bereits zu resignieren.

Doch dann kommt der kaum noch erwartete Durchbruch. Nach 13 Monaten stoßen die Kriminaltechniker auf eine Pistole des Typs FN. Schussproben ergeben: Es ist die Waffe, mit der Emma Hoppenz am 2. September 1950 in Gernrode erschossen wurde. Die belgische FN war bei der Durchsuchung eines Bauernhofes in Döben bei Schönebeck sichergestellt worden. Das Gehöft gehört den Brüdern Walter und Willi Körner.

Die Kripo beißt sich in dieser vielversprechenden Spur fest. Denn die Döbener sind keine Unbekannten für die Polizei. Beide werden schon seit einiger Zeit verdächtigt, ihre Finger in Viehdiebstählen zu haben. Die neben der belgischen Pistole beschlagnahmten Bolzenschussgeräte und Schlachterwerkzeuge untermauern diesen Verdacht. Die Kripo greift zu. Walter Körner kommt in Untersuchungshaft. Doch Willi gelingt es, vor seiner Verhaftung zu fliehen.

Nun wird die Mordkommission in Halle aufgestockt. Sie nimmt die Ermittlungen wieder in die Hand. Der Einsatzleiter, ein VP-Oberkommissar, schreibt später: „Die vordringlichste Aufgabe bestand in der Ergreifung des flüchtigen und vermutlich bewaffneten Verbrechers Willi Körner und der Herstellung des Zusammenhanges zu weiteren, noch nicht aufgeklärten Verbrechen, insbesondere in den Kreisen Quedlinburg und Schönebeck."

Doch sowohl Walter Körner als auch seine Ehefrau und die Frau des Flüchtigen leugnen hartnäckig. Walter Körner schiebt alles seinem Bruder Willi in die Schuhe. Dass die Untersuchungen nicht vorankommen, liegt auch daran, dass es eine undichte Stelle beim Volkspolizeikreisamt Quedlinburg gibt; ein Verwandter der Körner-Brüder arbeitet dort als Kraftfahrer. Er kennt immer den neuesten Ermittlungsstand und weiß, was die Kripo plant. So lässt er die Schuhe neu besohlen, die einer der Brüder trug und von denen es einen Tatort-Gipsabdruck gibt. Die Fahrräder, die die Körners benutzten, werden zerlegt und die Einzelteile verscherbelt. Auch den Karabiner lässt er verschwinden. Bis Ende November 1951 kann der VP-Kraftfahrer seine Verschleierungstaktik anwenden, dann fliegt sein Verrat auf. Gegen ihn wird Haftbefehl erlassen.

Insgesamt werden elf Bandenmitglieder ermittelt,

zehn werden verhaftet. Nur Willi Körner ist noch auf der Flucht. Doch die Polizei vermutet, dass dessen Ehefrau nach wie vor Kontakt mit ihm hat. Sie wird deshalb überwacht. Bei einer Wohnungsdurchsuchung finden die Kriminalisten auf einem Abstellbord dann auch einen noch feuchten Rasierpinsel. Das Haus wird observiert, doch Willi Körner lässt sich nicht sehen. Die Kripo verhaftet daraufhin die Ehefrau. Nach einem stundenlangen Verhör verrät sie, dass sich Willi Körner bei einem Bauern in Breitenstein versteckt hat.

Ein 14-köpfige Festnahmegruppe stürmt in einer regnerischen Novembernacht das Anwesen. Es kommt zum Schusswechsel. Körner springt aus einem Giebelfenster in vier Metern Höhe. Dabei feuert er weiter und trifft einen Polizisten in den Oberschenkel. Er versucht, freies Gelände zu erreichen, und läuft genau in die Arme der VP-Posten, die dort absperren. Körner versucht auch dort wieder, sich den Weg freizuschießen. Dabei wird er selbst von einer Kugel getroffen. Er bricht tot zusammen.

Am 24. November 1952 beginnt die Hauptverhandlung vor dem Bezirksgericht Halle. Es geht um zwei Morde, drei Mordversuche, acht Raubüberfälle und rund 150 Diebstähle. Die Anklageschrift des Oberstaatsanwaltes umfasst 388 Blatt, einen 71 Seiten langen Schlussbericht sowie fünf Aktenbände mit Anlagen.

Am 27. November wird der Hauptangeklagte Walter Körner zweimal zum Tode, zu 15 Jahren Zuchthaus und Ehrenverlust auf Lebzeiten verurteilt. Das Vermögen der Körners wird eingezogen.

Der Knochenfund in Fermersleben

„Bei Bauarbeiten in der Straße Alt Fermersleben wurden am 30.05.00 um 8.50 Uhr menschliche Gebeine gefunden. Es handelt sich wahrscheinlich um zwei Oberschenkel-, zwei Arm- und einen Zehknochen sowie um einen Teil des Schädeldachs." Hinter dieser sachlichen Polizeimeldung könnte sich ein Vermisstenfall aus der Mitte der 1950er-Jahre verbergen.
Der Rosenmontag des Jahres 1955 ist bitterkalt. Das Quecksilber steht auf minus 21 Grad. Die Magdeburger quälen sich seit Tagen durch eine meterhohe Schneedecke.
In Fermersleben, unten am Elbweg, wo die Prellbergs unweit der alten Fähre Michaelis in einem an Land gezogenen Kettendampfer wohnen, verabschiedet sich Sohn Klaus-Werner abends von seiner Mutter. Der 19-Jährige hat extra mit einem Kollegen aus der Gießerei den Dienst getauscht, um Rosenmontag im „Schwarzen Adler" in Buckau zu feiern.
Ilse Prellberg ruft aus dem Bullauge ihrer Wohnung dem jungen Mann nach: „Willst du wirklich gehen – bei dem Nebel?" Klaus-Werner ist schon fast in der milchigen Suppe verschwunden, als er antwortet: „Wir haben um einen Kasten Bier gewettet."
„Das waren die letzten Worte, die ich von Klaus gehört habe", erinnert sich Ilse Aschenberg (zuvor Prellberg) in ihrer Magdeburger Zehngeschosserwohnung. Im Büfett steht das gerahmte Foto des jungen Mannes.

Das Einzige, was der heute 87-Jährigen außer den Erinnerungen von ihm geblieben ist.
„Als ich am nächsten Morgen von der Nachtschicht kam, habe ich überall herumgehorcht, wo Klaus sein kann. Dann bin ich zur Polizei", erzählt die Rentnerin. „Doch da haben sie die ganze Sache nicht ernst genommen. ‚Wer weiß, unter welchem Rock der steckt', haben sie gesagt."
Ilse Aschenberg glaubt nicht, dass sich die Polizei große Mühe gegeben hat. „‚Der ist bestimmt ertrunken oder in den Westen abgehauen', wurde mir in der Dienststelle Am Buckauer Tor gesagt." Sie habe zwar gehört, dass zwei Brüder mal in Verdacht geraten sein sollen, etwas mit dem Verschwinden ihres Sohnes zu tun zu haben. „Aber richtig gesagt, hat mir keiner was."
Die Jahre vergingen und immer wieder mal hatte die verzweifelte Frau einen Funken Hoffnung, etwas über ihren Sohn zu erfahren. „Einmal wurden am Kettendampfer Knochen gefunden", sagt sie. „Doch durch die Blechmarke wurde schnell geklärt, dass es ein toter Soldat ist."
Ilse Aschenberg ließ nichts unversucht, um Licht in das Verschwinden des jungen Mannes zu bringen. Selbst an Walter Ulbricht schrieb sie. „Der DDR-Generalstaatsanwalt in Berlin hat mir nur geantwortet, dass der Fall bei der Magdeburger Polizei in guten Händen liegt. Der Suchdienst vom Roten Kreuz fühlte sich ‚nicht zuständig', und auch ein Brief ans Komitee vom Roten Kreuz in Genf war umsonst."
1965 bekam sie dann noch einmal Besuch eines Krimi-

nalisten. Der wollte, wie er sagte, „den Fall wieder aufrollen". „Aber ich habe nie wieder etwas von ihm gehört", winkt die alte Frau ab.
Die Gerüchteküche kochte. Schließlich war die Familie des Magdeburger Urgesteins Paul Michaelis bekannt in der Bezirksstadt. „Klaus ist politischer Häftling", flüsterte der eine, „Weihnachten ist dein Junge wieder zu Haus", ein anderer. Dass der Vermisste in Coswig im Gefängnis sitzt, wollte ein Dritter ganz genau wissen. „Aber schon im Zug dorthin hat man mir erzählt, dass das Gefängnis in Coswig gar nicht mehr in Betrieb ist", erzählt Ilse Aschenberg.
Nach der Wende ging die Rentnerin erneut zur Polizei. Doch dort machte man ihr keine großen Hoffnungen. Die Akten sind bestimmt nicht mehr da, hieß es.
Und nun – 45 Jahre später – finden Bauarbeiter menschliche Knochen. Etwa 150 Meter vom Elbweg entfernt, der drei Kilometer weiter am heute rostzerfressenen alten Kettendampfer endet.
Vor dem Haus Alt Fermersleben 78 lagen die Gebeine. Und Ilse Aschenberg fragt sich, ob das Verschwinden ihres Sohnes nun doch noch aufgeklärt wird.
Ingo Ruthe vom zuständigen 2. Fachkommissariat der Magdeburger Polizeidirektion ist eher skeptisch. „Wir müssen zuerst nachgraben, ob es noch Akten gibt. Dann muss die Staatsanwaltschaft entscheiden, ob aufgrund des alten Vermisstenfalls und der relativen Nähe des Fundorts ermittelt werden soll."
Theoretisch ist es möglich, aus Knochen den genetischen Fingerabdruck zu entnehmen. Die Vergleichs-DNA-Analyse aus der Speichelprobe der Mut-

ter würde dann zweifelsfrei klären, ob es sich bei dem Toten um Klaus-Werner Prellberg handelt oder nicht. Wie gesagt: theoretisch. „Denn mit jedem Jahr, in dem ein Körper in der Erde liegt, verringern sich die Chancen, analysefähiges Material in den Knochen zu finden", weiß der Kriminalist Ingo Ruthe.

Nicht ganz so pessimistisch ist Professor Dieter Krause, Chef des Instituts für Rechtsmedizin der Magdeburger Uniklinik. „Man kann nicht von vornherein ausschließen, dass noch DNA zu finden ist. Man muss es einfach versuchen." Laut DNA-Gesetz bedarf es jedoch zuvor einer richterlichen Anordnung. Und die dürfte es erst dann geben, wenn alle anderen Methoden ausgeschöpft sind, wie die Untersuchung des Alters, der Liegezeit, der Größe.

Ilse Aschenberg hat sich damit abgefunden, dass ihr Sohn wohl nicht mehr lebt. „Aber wo er liegt und wie er zu Tode kam, möchte ich schon gern wissen, bevor ich sterbe", sagt die weißhaarige Frau.

Im Juli 2000 steht das Ergebnis fest. Zwar konnte die Rechtsmediziner aufgrund der langen Liegezeit keinen genetischen Fingerabdruck mehr von den Knochen nehmen, aber die Vermessung der Skelettreste brachte ans Tageslicht, dass es sich um eine Frau gehandelt haben muss.

Ilse Aschenberg hat nie erfahren, was aus ihrem Sohn geworden ist. Sie starb wenige Monate, nachdem feststand, dass der Knochenfund in Magdeburg-Fermersleben nichts mit dem Verschwinden von Klaus-Werner Prellberg zu tun hat.

Der Mord des falschen Polizisten

Vor zwei Tagen haben die Eltern Monika ein Federballspiel gekauft. Die Sechsjährige aus Halle kann es kaum erwarten, damit auf die Straße zu gehen. „Wenn du Brötchen und Butter im Konsum eingekauft hast und dann noch schnell in die Lauchstädter Straße läufst und Milch holst, kannst du gleich runter", verspricht ihr die Mutter am 25. August 1958 kurz vor 9 Uhr.
Das Kind mit dem blonden Bubikopf und den lustigen Sommersprossen sputet sich. Erst die wenigen Meter bis zur Stalin-Allee (heute Merseburger Straße), dann zum Milchmann um die Ecke. Eine halbe Stunde später ist sie wieder in der Wohnung in der Nauestraße.
„Bitte, bitte, darf ich das Brötchen mit auf die Straße nehmen, Mutti?", bettelt die Kleine. Die Mutter lächelt und nickt.
Eine Viertelstunde später sieht der Vater durchs Küchenfenster Moni auf dem Hof spielen. Dann geht er mit dem elfjährigen Sohn in den Keller, um den Handwagen zu holen. Um 10.15 Uhr verlassen sie das Haus. Als Paul Grimme* gegen 11.50 Uhr zurückkommt, ist seine Ehefrau völlig aufgelöst: Die Tochter ist verschwunden. „Ich war nur kurz zum Einkaufen", erzählt sie. „Als ich vor einer halben Stunde wiederkam, war Moni weg." Sie habe die nähere Umgebung abgesucht und auch bei Bekannten nachgefragt.
Die Eltern laufen noch einmal die Gegend ab. Vergeblich. Sie melden Monika beim Volkspolizeikreisamt

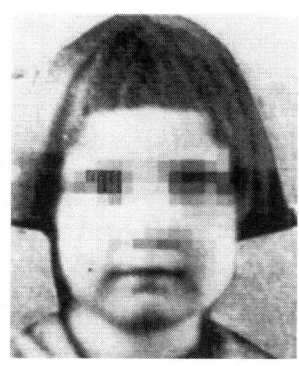
Die sechsjährige Monika verschwand im August 1958

Halle als vermisst. Monika sei „zugänglich, rege und gutmütig", gibt Paul Grimme zu Protokoll.

Kurz darauf läuft die Fahndung an. Alle Polizeireviere, Funkwagenbesatzungen, Schnellkommandos, Verkehrs-, Transport- und Wasserschutzpolizisten wissen nun, dass Monika Gerda Grimme, geboren am 28. Januar 1952 in Greiz, seit dem 25. August, 10 Uhr, verschwunden ist. „110 Zentimeter groß, ovales Gesicht, schlank, Ponyfrisur, bekleidet mit schwarz-rotem Trägerrock, gleichfarbiger Bluse, blau-weißen Söckchen und braunen Sandaletten", tönt es in der Stadt aus Lautsprecherwagen der Polizei. „Das Kind kann einen weißen Igelitbeutel mit roter Schnur bei sich haben. Darin zwei Federballschläger mit weißen Griffen."

Am 26. August wird das Ermittlungsverfahren eröffnet: Verdacht auf Kindesentführung.

Ein Blitzfernschreiben der Polizei geht um 10.05 Uhr an die Bezirkspolizeibehörde Gera mit der Frage, ob sich das vermisste Mädchen bei der Oma Else Meyer* in Greiz aufhält. Diese war am 25. August nach einem Besuch in Halle wieder abgereist. Die Antwort des Polizeikreisamtes Greiz: „Die Vermisste ist nicht bei besagter Person aufhältig."

Nachbarn der Eltern in der Nauestraße werden befragt. Auf dem Spielplatz am Lutherbogen zeigen Kriminalisten Müttern und spielenden Kindern Monikas Foto. Aber niemand kann sich an das Mädchen erinnern. Keller und Böden werden durchsucht – ohne Erfolg.
Parallel wird in Krankenhäusern nachgeforscht. Doch weder in den Polikliniken Süd und Nord, dem Waldkrankenhaus Dölau, dem Krankenhaus St. Elisabeth noch in der Uniklinik gibt es eine Spur. Die Recherche beim Krankentransport verläuft ebenfalls ergebnislos. Am Nachmittag des 26. August schnüffeln Polizeihunde in den Gartenanlagen rund um den Lutherbogen. Auch in den Lauben und Stallungen wird das Kind nicht entdeckt.
Die Leiterin des Kindergartens, in den das Mädchen bis vor kurzem ging, kann nicht weiterhelfen. Ebenso wenig die Mitarbeiterinnen zweier anderer Kindereinrichtungen in der Nähe. Hoffnung setzen die Ermittler auf Bauarbeiter, die in der Nauestraße 16 am 25. August ein Dach deckten. Ihnen ist jedoch nichts aufgefallen.

Am Nachmittag des 28. August 1958 fährt Hugo Linde* mit dem Fahrrad von seiner Arbeitsstelle, der Bäckereimaschinenfabrik, nach Hause. Unterwegs kommt dem Lagerverwalter in den Sinn, dass er seine Tochter Helga besuchen könnte.
Der 51-Jährige radelt in Richtung Bahndamm an der Dieselstraße. Dort muss er austreten. An einem Gebüsch, nahe dem Maisfeld des VEG Halle/Saale, legt er sein Fahrrad ab. Dabei schaut er nach rechts. Er sieht „etwas Helles leuchten" und geht bis etwa einen Me-

Der Fundort der toten Monika an einem Haselnussstrauch an der Bahnstrecke Halle–Ammendorf

ter auf die Stelle zu. Dann prallt er zurück. „Eine Leiche, eine Frauenleiche", murmelt er erschrocken. Er schwingt sich auf sein Rad und fährt zurück zum Bahnübergang. Der Schrankenposten ruft die Transportpolizei an. Um 16.50 Uhr ist die Morduntersuchungskommission an der Fundstelle im Südosten der Stadt. Kriminaltechniker beginnen an der Bahnstrecke Halle–Ammendorf – zwischen Kilometer 3,8 und 3,9 – mit ihren Untersuchungen. Die Tote, es ist die vermisste Monika, liegt am Fuße des Bahndamms, fast verdeckt von einem Haselnussstrauch. Sie ist nur noch mit dem rechten Strumpf bekleidet. Der weiße Igelitbeutel bedeckt Brust und Kinn. Die Sandaletten stehen auf dem Bauch des Kindes. Um den Hals hat das Mädchen einen 65 Zentimeter langen Strick, der aus vier Schnüren zusammengedreht ist. Unterhalb des Ohres befindet sich ein einfacher Doppelknoten. Über dem Kopf sind ein

Eines der Tatwerkzeuge: Dieses Stück Strick legte der Mörder um den Hals des Opfers

rosa Seidenschlüpfer und ein grünblauer Strickschlüpfer gezogen. Auffallend ist, dass der Körper mit einer „weißgrauen Substanz" überzogen ist.

Zwei Dinge stehen mit Sicherheit fest: Das Kind fiel einem Sexualdelikt zum Opfer und der Fundort ist nicht der Tatort.

Fährtenhund „Tasso" führt die Ermittler am Rande des Maisfelds in Richtung Halle. Nach 60 Metern biegt der Rüde auf eine belebte Straße. Dort verliert er die Spur.

Die Obduktion am 29. August ergibt, dass das Kind „wahrscheinlich durch das Verschließen der oberen Luftwege (Mund und Nase) bewusstlos wurde oder bereits starb". Todesursache könnte auch „Strangulation mittels Stricks" gewesen sein.

In Halle werden am selben Tag 350 Plakate aufgehängt: „1.000 DM Belohnung" für Hinweise auf den Mörder der kleinen Moni.

Zur gleichen Zeit bekommt VP-Hauptwachtmeister Sommer bei einem Fahndungseinsatz im Hauptbahnhof Halle die Information, dass ein junger Mann im Wartesaal Reisende kontrolliert. Er würde sich dabei als Kripo-Leutnant ausgeben.

Sommer stellt den Unbekannten, lässt sich dessen Ausweis zeigen. Der 18-Jährige heißt Herbert Engler* und wohnt in Wettin im Saalkreis. Im Protokoll der Transportpolizei heißt es unter der Tagebuch-Nummer 465/58: „Hat zwischen dem 25. August und 2. September 1958 Aufschreibungen gemacht, die den Charakter von VP-Fahndungen haben. Unterschrieb als Leutnant der K."

Ein Ermittlungsverfahren wegen Amtsanmaßung wird eingeleitet. Dabei stellt sich heraus, dass der Hilfsarbeiter vom VEB Bau Landsberg seit dem 25. August nicht mehr auf Arbeit war.

Routinemäßig wird Englers Alibi für den 25. August, den Tag, an dem Monika Grimme verschwand, überprüft. Dabei stößt die Kripo auf Widersprüche. Einmal hat er an jenem Montag eine „Helga" kennengelernt, mit der er auf der Peißnitzinsel gewesen sein will. Dann wieder ist er ziellos durch Halle spazieren gegangen.

Am 3. September um 2 Uhr kommt der 18-Jährige in Untersuchungshaft. Um 9.20 Uhr am Folgetag wird er zur ersten „Beschuldigtenvernehmung" vorgeführt.

Vorerst beschränkt sich der Ermittler auf die Amtsanmaßung. „Ich wollte zur Kripo gehen", erklärt der junge Mann. „Ich habe mal gesehen, wie die Polizei bei einer Kneipenschlägerei eingegriffen hat. Das hat mir gefallen."

Auf die Idee mit den Kontrollen sei er gekommen, um „mit Mädels Bekanntschaften" zu schließen. Bei sechs

Frauen habe das geklappt. Etwa jeden dritten Tag sei er mit seinem roten Notizbuch unterwegs gewesen.

Nach einer Pause lenkt der Vernehmer das Gespräch auf die Tat, die ihn weitaus mehr interessiert – den Sexualmord an der sechsjährigen Monika.

Engler laviert, lügt, weint aus Angst vor dem Vater, der bei der Polizei ist. Dann gibt er zu, mit einem Kind „Unzucht getrieben" zu haben. Es sei „neun, zehn Jahre alt" gewesen, und weil ihm das Mädchen „gefallen" habe, sei er „geschlechtlich erregt" gewesen. Er habe das Kind in der Stalin-Allee angesprochen: „Soll ich dir einen viel größeren Spielplatz zeigen?", habe er gefragt und sei dann mit der Kleinen in Richtung Ammendorf gegangen. Beinahe jeden Tag dasselbe Ritual: Engler wird aus der U-Haft vorgeführt und verhört. Immer wieder variieren seine Angaben für den Tattag. Doch die Kriminalisten lassen nicht locker. „So, noch mal von vorn, Herr Engler. Wie war das am 25. August?"

Erst nach unzähligen Vernehmungen, mit immer neuen Varianten, sind sich die Ermittler sicher, dass sie die ganze Wahrheit kennen.

Am Morgen des Tattags war Engler mit dem Zug von Wettin nach Halle gefahren. Gegen 8.30 Uhr hatte er den Hauptbahnhof verlassen und war auf der Stalin-Allee herumgeschlendert. An der Einmündung zur Nauestraße traf er Monika Grimme. Nachdem er das Mädchen angesprochen hatte, lockte er es mit der Versprechung, dass er einen prima Platz zum Federballspielen kenne, in Richtung Ammendorf.

Unterwegs nahm er von einer Baustelle einen Strick und einen leeren Papiersack „als Unterlage für den Geschlechtsverkehr" mit. Dann ging er mit dem Kind bis zur Bahnstrecke Halle–Eisleben.

An der Dieselstraße, bei einem Haselnussstrauch, legte er eine Hand über Mund und Nase des Kindes, bis es „bewusstlos zusammenknickte". Dann legte die Wehrlose auf die Papiertüte und missbrauchte sie zweimal. Die alte Zement-Tüte erklärt später auch die raue Staubschicht auf dem Kind.

„Weil sie noch Lebenszeichen von sich gab, habe ich Angst bekommen, dass sie alles verrät, und habe ihr mit beiden Händen um den Hals gefasst", gibt Engler zu Protokoll. Um „ganz sicher zu gehen", habe er den Strick um ihren Hals geknotet. „Ich konnte den Anblick nicht ertragen und habe den Papiersack über ihr Gesicht gelegt. Dann trug ich sie zum Haselnussstrauch unterm Bahndamm." Danach ging Engler zum Hauptbahnhof und kaufte sich für seine letzten 35 Pfennige das Krimi-Heft „Mord auf dem Flugplatz".

Herbert Engler wuchs in geordneten Familienverhältnissen auf. In der Schule war er „lernschwach", von seinen Lehrern wurde er als „lernunwillig" eingeschätzt. Die Nachbarn charakterisieren ihn als „zuvorkommend" und „höflich", aber auch als Jungen mit „hohem Geltungsbedürfnis". Die Schule schloss Engler mit der 6. Klasse ab. Die Abschlussprüfung als Maurer bestand er 1955 nicht. Als Hilfsbauarbeiter wurde er 1958 wegen „schlechter Arbeitsmoral" fristlos entlassen. Im selben Jahr bewarb er sich beim Volkspolizeikreisamt (VPKA) Halle für einen Beruf in den „bewaffneten Organen", wurde jedoch abgelehnt.

Während er in der Nervenklinik psychiatrisch untersucht wird, widerruft Engler sein Geständnis aus Angst vor der Todesstrafe. Auslöser war der Satz eines Pflegers: „Früher hätte man mit dir nicht viel Aufhebens gemacht und deinen Kopf in Formalin ausgestellt." Am 27. November 1958 nimmt der Mörder seinen Widerruf zurück.

Nach zwei Prozesstagen spricht der Vorsitzende Richter des 2. Strafsenats am Bezirksgericht Halle am 15. Januar 1959 das Urteil: lebenslange Haft wegen Notzucht in Tateinheit mit Unzucht an Kindern und wegen Mordes. Englers Antrag auf Wiederaufnahme des Verfahrens wird im Juli desselben Jahres abgelehnt. Seine Begründung, er habe mit dem Mord nichts zu tun, überzeugt das Gericht nicht. Die objektiven Beweise und die Schilderung der Einzelheiten, die nur der Mörder kennen konnte, seien eindeutig.

Im Mai 1977 wird Engler aus der Haft entlassen. Grund ist die „2. Strafrechtsänderung" in der DDR, die lebenslange Haft für Jugendliche nicht mehr vorsieht.

Fünfundzwanzig Jahre später befasst sich die Justiz erneut mit dem Sexualmord. Der inzwischen 63-Jährige beantragt seine Rehabilitierung. Die Stasi habe die Sache getürkt und ihn zum Sündenbock gemacht, schreibt Engler. Er habe am Tattag bereits im Gefängnis gesessen und sei vom MfS nur freigelassen worden, damit der Öffentlichkeit ein Täter präsentiert werden konnte.

Dieser Version schließt sich das Gericht nicht an und lehnt den Rehabilitationsantrag 2003 ab.

Der Polizistenmord in Zelle 16

Sonnabend, 22. März 1958. Vor einer halben Stunde hat Oberwachtmeister Joseph St. mit seinen drei Kalfaktoren das Abendbrot im Burger Gefängnis ausgeteilt: Brot, Butter, Wurst, Kaffee.
Der 58-jährige Polizist ist völlig arglos. Nichts deutet darauf hin, dass die drei Untersuchungshäftlinge von Zelle 16 für diesen Abend ihren Ausbruch geplant haben.
Dieter N., ein 20-jähriger ehemaliger Transportpolizist und NVA-Soldat aus Schermen bei Burg, Günter K., ein 18-jähriger Ziegeleiarbeiter aus Gommern, und Werner P., ein 20-jähriger Ziegeleiarbeiter aus Plötzky, glauben, dass sie am Wochenende die größte Chance haben, aus dem Untersuchungsgefängnis in der Hainstraße zu entkommen. Sie wissen, dass in dieser Zeit weniger Wachpersonal im Haus ist als an den Werktagen.
Die Häftlinge sind beileibe keine unbeschriebenen Blätter. Dieter N. hat die Eintragung in seinem Postsparbuch von 50 auf 850 Mark gefälscht, Günter K. hat mit seinem Bruder Kurt und drei anderen jungen Männern ein Mädchen vergewaltigt. Werner P. wird gefährliche Körperverletzung vorgeworfen.
Seit zwei Wochen sitzen die drei Männer gemeinsam in einer Zelle auf Station 2 der U-Haftanstalt Burg.
Am 18. März spricht Dieter N. das erste Mal darüber, dass er mit anderen Häftlingen schon mal daran gedacht hat, das Wachpersonal zu überwältigen und zu

22. März 1958: Polizeioberwachtmeister Joseph St. liegt gefesselt und ermordet auf dem Boden von Zelle 16 der Burger Untersuchungshaftanstalt

fliehen. „Darüber müssen wir uns noch mal unterhalten", schiebt er die Entscheidung jedoch auf.

Werner P. will sich von Anfang an gegen den Ausbruchsplan ausgesprochen haben, wie er später bei der Vernehmung aussagte. Deshalb hätten seine Zellenkollegen auch nur auf dem Bett getuschelt. Nur hin und wieder habe er „ein paar Brocken aufgeschnappt".

So erfuhr er, dass den Polizisten, die sich ihnen in den Weg stellen würden, die Waffen weggenommen werden sollten. N. und K. wollen die Pistolen benutzen, um sich bei der weiteren Flucht, wenn nötig, den Weg freizuschießen. Zuvor war jedoch die Befreiung der Brüder von P. und K. geplant, die ebenfalls in der Burger U-Haft saßen.

Am Bahnhof Burg wollten sich die Verbrecher ein Taxi nehmen und in Richtung Berlin fahren. Unterwegs sollte der Fahrer „ausgeschaltet" werden. Die Waffen wollten sie in Westberlin verkaufen, um „Startkapital" zu haben.

Es ist gegen 17.30 Uhr. Günter K. dreht in Zelle 16 aus einem der drei Holzschemel ein Bein heraus. „Das könnte man schön gebrauchen dazu", sagt er. Dann deutet er einen Schlag an und fährt fort: „Wenn jetzt einer käme ..."
Dieter N. klopft an die Zellentür. „Was ist los?", fragt Polizeioberwachtmeister St. vom Gang aus. „Kommen Sie mal rein", antwortet N. „Am Schrank ist ein Haken losgerissen. Am Klappbett auch."
Schlüssel rasseln. Joseph St. betritt Zelle 16. „Wo ist was lose?", fragt er und geht zum Spind, um nachzusehen. Im selben Moment umklammert N. seinen Hals und hält den 58-Jährigen im Würgegriff fest. Der Überraschungsschrei des Polizisten erstickt in einem gurgelnden Laut. K. nimmt das Schemelbein, das auf dem Bett unter der Decke liegt, und schlägt dem Oberwachtmeister mehrmals von vorn auf den Kopf.
Dann drückt N. den Mann zu Boden. K. schlägt weiter. Werner P. steht derweil an der Tür und lauscht auf den Gang.
„Raus kommt ihr trotzdem nicht", röchelt der Polizist. Daraufhin würgt N. sein Opfer.
Günter K. nimmt dem Wachmann das Schlüsselbund ab und befreit damit seinen Bruder Kurt aus Zelle 15. Doch als dieser sieht, was sich nebenan abspielt, schreit er: „Damit will ich nichts zu tun haben!" Günter K. bringt den Bruder wieder in die Zelle zurück.
Dieter N. stopft dem Oberwachtmeister ein Handtuch in den Mund. Mehrmals drückt er mit dem Hockerbein nach. Dann fesselt er dem Mann in der grünen Uniform mit Handtuchstreifen Arme und Beine.

Die Häftlinge verlassen die Zelle in der 2. Etage. „Ich bleibe hier. Ich habe schon genug Strafe", sagt der 20-jährige P. Dann geht er aber doch den Gang, von dem die Zellen abgehen, bis ans Ende mit. Dort befindet sich der sogenannte Notausgang. N. schließt die Tür auf. P. läuft die Treppe nach unten. N. und K. nehmen den Weg nach oben. Sie hoffen, auf dem Boden eine Dachluke zu finden. Sie haben Glück. Die Luken sind unvergittert. Sie klettern aus dem Dachfenster, das in Richtung Gerichtsgebäude zeigt.

Von der Dachluke führt ein fingerstarker Blitzableiter nach unten. Die Häftlinge Dieter N. und Günter K. schaffen es bis auf den Hof. Der freilaufende Schäferhund, der den Bereich bewachen soll, klemmt den Schwanz ein und läuft weg. Durch ein offen stehendes Tor und über die Gefängnismauer gelangen die Ausbrecher unentdeckt auf die Straße.

Zur selben Zeit klopft der Dritte im Bunde, Werner P., an die Tür zum Gefängnisaufgang. VP-Meister Rudolf K. schaut durch den Sehschlitz und sieht zu seiner Überraschung einen U-Häftling draußen stehen.

Die Flüchtlinge stiegen aus einer Dachluke und kletterten am Blitzableiter in den Gefängnishof

P. meldet in vorschriftsmäßiger Haltung: „Man hat den Wachtmeister zusammengeschlagen!"
Dieter N. und Günter K. gehen derweil zur Bahnlinie und laufen dann neben den Schienen in Richtung Güsen. An einem Bahnwärterhäuschen bitten sie um Wasser. Doch der Reichsbahner sagt den Männern, dass er kein Trinkwasser hat.
Kurz vor Güsen sehen K. und N. Polizeiautos. Sie ahnen, dass sie keine Chance mehr haben wegzukommen. Wenig später werden sie entdeckt und ohne Gegenwehr festgenommen.
In der Burger Untersuchungshaftanstalt sind inzwischen die Ermittlungen zum Fall in vollem Gange.
Um 19.40 Uhr hatte Kripo-Leutnant Adalbert Winter telefonisch die Mitteilung vom Gefängnisausbruch erhalten. Für Burg und die umliegenden Kreise wird umgehend Fahndungsstufe III ausgelöst.
Gegen 22 Uhr ist der Chef der Mordkommission mit seiner Einsatzgruppe in der Hainstraße. Winter notiert akribisch, wie er den Tatort vorfindet: „Die Zelle liegt fast in der Mitte der 2. Etage des 30 Meter langen Zellenhauses. Zelle 16 befindet sich gegenüber dem Treppenaufgang. Im Raum (4,10 × 1,85 m) stehen zwei Hocker an der linken Wand. Auf einem davon steht eine Emailleschüssel mit rotgefärbtem Wasser. Auf dem Klapptisch drei Alu-Töpfe mit Kaffee. Außerdem Aluminium-Löffel, Brot, Butter und Wurst. An der Wand hängt ein Regal mit Seifenpulver und drei gefalteten Handtüchern."
Der dritte Schemel in der Zelle habe nur drei Beine gehabt, vermerkt der Kriminalist. „Außerdem steht ein

Doppelstockbett in der Zelle – darauf liegen Strohsäcke und Decken. Ein Klappbett ist an die Wand geklappt." Auf dem unteren Doppelstockbett habe ein blutverschmiertes Hockerbein gelegen. „Neben der rechten Wand liegt die Leiche des Oberwachtmeisters auf dem Rücken."

Am 23. März 1958 um 1.30 Uhr ist die Untersuchung des Tatorts beendet. Zu diesem Zeitpunkt sind die zwei Ausbrecher schon wieder hinter Gittern.
Das Sektionsprotokoll des Pathologischen Instituts der Medizinischen Akademie Magdeburg macht deutlich, dass VP-Oberwachtmeister Joseph St. nicht an den Schlägen mit dem Schemelbein starb. Zwar hätten die Hiebe die Handlungsfähigkeit des Wachmanns gelähmt, Todesursache sei jedoch der Knebel gewesen: „Tod durch Ersticken".
Am 27. März erlässt das Kreisgericht Magdeburg-Mitte Haftbefehl. N., K. und P. sitzen nun im Gefängnis in der Halberstädter Straße. Ermittelt wird vorerst wegen Totschlags.
N., der wegen Diebstahls Vorbestrafte, war 1954 nach Westberlin gegangen. Dort wollte er zur Fremdenlegion, überlegte es sich jedoch anders, kam in die DDR zurück und wurde Transportpolizist. 1957 bewarb er sich bei der Volksarmee. Sein Standort wurde die 9. Panzerdivision in Eggesin. Dort wurde er am 30. Oktober 1957 verhaftet.
In der Vernehmung am 23. März 1958 schiebt Dieter N. Idee und Vorbereitung zum Gefängnisausbruch seinem Zellenkumpel K. in die Schuhe. „Er (Wachtmeis-

ter St., B.K.) kriegt einen vor den Pinsel, dass er nichts mehr sagen kann", soll sich K. geäußert haben. „Ich war mit der Tat nicht einverstanden", versucht sich N. herauszuwinden. Auch P. habe zwei-, dreimal auf den Wachmann eingeschlagen. Von ihm sei auch der Vorschlag gekommen, den Toten unter dem Bett zu verstecken.

28. März 1958: Dieter N. und Günter K. rekonstruieren ihre Flucht aus dem Gefängnis

Günter K. wiederum, der wegen „Notzucht" und „versuchter Republikflucht" in U-Haft saß, bezichtigt Dieter N., „treibende Kraft" beim Ausbruchskomplott gewesen zu sein. Allerdings räumt der Ziegeleiarbeiter ein, dass auch er selbst „die Tätigkeit des Schlagens übernommen" habe.

Am 28. März 1958 wird der Tathergang in der Hainstraße rekonstruiert. Die drei Beschuldigten übernehmen dabei die eigenen Rollen.

Während der folgenden Verhöre können die Ermittler zugleich ein weiteres Verbrechen aufklären. Dieter N. gibt zu, am 1. September 1957 in Schermen die Scheune eines Bauern angezündet zu haben, die völlig niederbrannte. Der NVA-Soldat hatte ein Auge auf die 16-jährige Stieftochter des Hofbesitzers geworfen.

Als der Bauer das Verhältnis unterbinden wollte, griff er aus Rache zum Feuerzeug.

Am 2. Juli 1958 beginnt vor dem III. Strafsenat des Magdeburger Bezirksgerichts der Prozess gegen N., K. und P. In seinen letzten Worten bittet N. um milde Bestrafung, K. um sein Leben. P. wünscht sich, während der Haft arbeiten zu dürfen.

Danach verkündet der Vorsitzende Richter Jennes das Urteil: Todesstrafe für Dieter N. und Günter K., lebenslängliche Haftstrafe für Werner P. Damit schließt sich das Gericht dem Antrag des Staatsanwalts an.

Die Rechtsanwälte von N. und K. gehen in Berufung wegen „unzulässiger Strafzumessung" bzw. wegen des jugendlichen Alters des Mandanten.

Am 8. August 1958 entscheidet der 2. Strafsenat des Obersten Gerichts der DDR, dass die Berufung in beiden Fällen zurückgewiesen wird.

Doch keiner der Mörder wird hingerichtet. Denn per Gnadenentscheid wandelt DDR-Präsident Wilhelm Pieck am 26. Februar 1959 die Todesstrafen in lebenslängliche Zuchthausstrafen um. Während der nächsten Jahre versuchen alle drei Verurteilten immer wieder, eine weitere Begnadigung zu erreichen. Für Günter K. schreibt die Mutter viele Gesuche. Doch vorerst umsonst.

Der Erste des Trios, der entlassen wird, ist Werner P. Als 40-Jähriger kommt er am 1. Juni 1978 frei. K. und N. werden am 2. Juli 1980 bzw. am 14. Mai 1984 aus dem Zuchthaus entlassen.

Die Arsen-Hexe von Stendal

„Was war bloß mit der Rotwurst los, die ich zum Frühstück gegessen habe?", denkt Emmi W. am Mittag des 22. Februar 1960. Dann muss die „Mitropa"-Angestellte vom Bahnhofskiosk schon wieder aufs Klo rennen und sich übergeben. Es bleibt nicht bei dem einen Mal. Die 40-jährige Stendalerin fühlt sich von Stunde zu Stunde schlechter. Sie quält sich zum Arzt. Im Johanniterkrankenhaus wird eine Leberentzündung festgestellt.
Einen Monat später bricht über Familie W. erneut die große Übelkeit herein. Diesmal trifft es auch Ehemann Gerhard (47) und Sohn Klaus (13). „Die Rouladen waren ganz schön fett", beschwert sich Gerhard W. am 20. März bei seiner Frau.
Wenige Tage später fühlen sich die W.s erneut krank. Grüne Heringe scheinen daran schuld zu sein. Die grau-weißen Stücke, die Gerhard W. von der Fischmahlzeit herunterschnippte, hielt er für Putz, der von der Wohnungsdecke in der Karl-Marx-Straße gerieselt ist.
Am 15. April erwischt es Vater und Sohn wieder. Auch auf dem Fischfilet, das beide am Karfreitag gegessen haben, lagen grau-weiße Bröckchen, erinnert sich Gerhard W. später.
Dass sich immer wieder Magenbeschwerden und Brechreiz einstellen, kommt Gerhard W. seltsam vor. Und als sich in der Kaffeemühle eine „weißlich-schmierige Verschmutzung" und in den Zucker- und Salzbüchsen im Küchenschrank ebenfalls „Putz" anfindet, erstattet der 47-Jährige Anzeige beim Volkspolizeikreisamt

Stendal. Der Verdacht besteht, dass Unbekannte das Essen der Familie vergiftet haben. Am 20. August 1960 wird das Ermittlungsverfahren eröffnet.

Das Hygiene-Institut der Altmarkstadt untersucht Salz und Zucker. Und schon das erste Ergebnis erhärtet die Vergiftungstheorie: 20 bis 30 Prozent der Proben werden als das hochgiftige Natrium-Arsenat analysiert.

Der Verdacht fällt auf Agnes V. Die 60-Jährige ist Untermieterin bei Familie W. Da sich kein Wasseranschluss in ihren zwei Räumen befindet, hat sie jederzeit Zutritt zur Küche der Hauptmieter.

Am 23. August werden die Zimmer der Reinigungskraft aus dem Reichsbahnausbesserungswerk (RAW) Stendal durchsucht. Dabei finden die Kriminalisten unter der Büfettuhr eine „Junge Welt" vom 16. Juni 1960. Darin eingewickelt ist ein weißliches Pulver – ungefähr ein Esslöffel voll.

Agnes V., die bei der Durchsuchung anwesend ist, scheint überrascht: „Ich weiß nicht, wie das hierherkommt", sagt sie und weist weit von sich, jemals Gift besessen und etwas mit dem Anschlag auf Familie W. zu tun zu haben. „Ich streite entschieden ab, etwas in den Zucker getan zu haben."

Allerdings glaubt sie, sich daran erinnern zu können, dass ihr eine Bekannte die Zeitung mitgebracht hat. Darin seien Knochen für den Hund eingewickelt gewesen, sagt sie.

Doch ihre Worte überzeugen die Kriminalisten nicht. Als zudem die Analyse des Pulvers ergibt, dass es sich um die gleiche Substanz handelt, die in Zucker und Salz gefunden wurde, wird am 24. August 1960 auf-

grund dringenden Tatverdachts Haftbefehl gegen Agnes V. erlassen.
Umfangreiche Untersuchungen beginnen. Den Fall übernimmt die Mordkommission der Bezirkspolizeibehörde. Als Gutachter werden das Bezirks-Hygiene-Institut Magdeburg und das Kriminaltechnische Amt in Berlin hinzugezogen.
Eines ist für die Ermittler von Beginn an klar: Das Gift der Klasse I ist ohne weiteres nicht zu bekommen. Dazu bedarf es einer besonderen Genehmigung oder spezieller Verbindungen.

Agnes V. hat die Giftmorde bis zu ihrem Tode nicht zugegeben

Zuerst schaut sich die Kripo im RAW, dem Arbeitsplatz von Agnes V., um. Dort gibt es zwar Salz-, Schwefelsäure und Phosphor, die ebenfalls in die höchste Giftkategorie gehören – aber kein Arsen.
Am 31. August 1960 wird die Stendalerin als Beschuldigte vernommen. Bis zum 24. Oktober 1961 folgen weitere elf Verhöre.
Bereits bei der ersten Vernehmung zeigt sich die Frau sehr gesprächig. Allerdings nur so lange, wie es um die

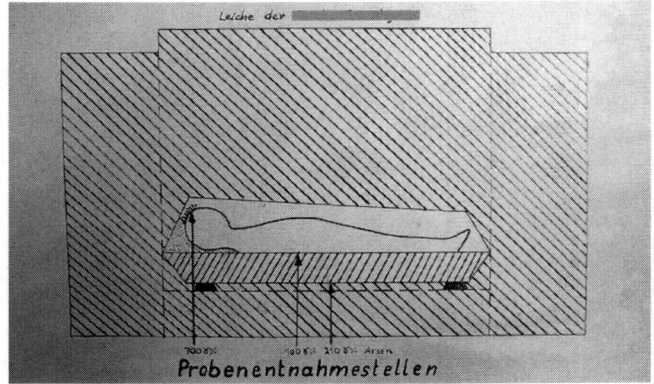

Das Bezirks-Hygiene-Institut Magdeburg untersuchte die erdbestatteten Leichen – hier die Skizze des Grabes von Berta B. – und die Asche aus zwei Urnen auf ihren Arsengehalt

eigene Person geht. Kommt Kripo-Oberleutnant Adalbert Winter auf den konkreten Fall zu sprechen, leugnet die 60-Jährige hartnäckig, etwas über das Geschehen zu wissen.
Allerdings glaubt der Chef der Mordkommission bereits nach wenigen Tagen, so etwas wie ein Motiv zu kennen. Frau W. hatte ihrer Untermieterin Anfang 1960 mitgeteilt, dass demnächst eine neue Mieterin in die zwei Zimmer einziehen wird. Agnes V. solle sich nach einer neuen Wohnung umsehen.
Als die Magdeburger Kriminalisten das Leben der Beschuldigten näher unter die Lupe nehmen, werden sie stutzig. Im direkten Umfeld von Agnes V. haben sich in den zurückliegenden Jahren einige Todesfälle ereignet, die es nach Meinung Winters verdienen, unter

dem aktuellen Verdacht noch einmal genauer betrachtet zu werden.

Da ist die Sache mit Otto N., dem zweiten Ehemann der Stendalerin. 1947, zwei Jahre nachdem Agnes V. in die Kreisstadt gezogen ist, wird er aus der Gefangenschaft entlassen und kehrt zu seiner Frau zurück. Am 28. Dezember 1949 stirbt der 50-Jährige ganz plötzlich. Auf dem Totenschein sind als Ursache „Grippe, Kreislaufversagen" vermerkt.

Die dritte Ehe der Agnes V. dauert nur vier Jahre. Walter V. kommt im Mai 1954 mit Verdacht auf Paratyphus ins Stendaler Johanniterkrankenhaus. Der Verdacht bestätigt sich zwar nicht, trotzdem stirbt er wenige Tage später am 26. Mai 50-jährig. „Chronische Nierenentzündung" steht auf dem Totenschein.

1957 zieht die Reinigungskraft in die Karl-Marx-Straße. Ihre Hauswirtin ist damals Berta B. Als die 59-jährige B. kränkelt – Ärzte stellen Magen-Darm-Entzündung fest – und sich von Tag zu Tag schwächer fühlt, übernimmt Agnes V. die Pflege der Frau. Am 18. Mai 1957 liegt Berta B. tot in der Wohnung: „Herzversagen".

Über eine Anzeige in der Zeitung lernt Agnes V. zwei Jahre später den 81-jährigen Viktor S. aus Arneburg an der Elbe kennen. Der rüstige Rentner hat sich über die Jahre 3.000 Mark zurückgelegt. Agnes V. willigt ein, ihn zu heiraten. Allerdings solle er ihr vorher sein Sparguthaben überschreiben. Im Oktober 1959 macht der Nachtwächter den Handel mit der über 20 Jahre jüngeren Frau perfekt.

Doch aus der Ehe wird nichts. Am 12. Dezember 1959

wird er gegen 5 Uhr tot in seiner Wohnung gefunden. Vor seinem Tod hatte sich der alte Mann erbrochen. Am Abend zuvor war er bei Agnes V. zu Besuch gewesen.

Kriminal-Oberleutnant Adalbert Winter, Leiter der Magdeburger Bezirksmordkommission, sieht nur eine Möglichkeit, Gewissheit zu bekommen, ob hinter den vier Todesfällen im Umfeld von Agnes V. möglicherweise mehr steckt. „Wir müssen die Gräber öffnen lassen", schlägt er Mitte September 1960 in einer Beratung der Ermittlungsgruppe „Serienmord Stendal" vor.

Am 20. September ordnet der Stendaler Kreisstaatsanwalt an, die Särge mit den sterblichen Überresten von Berta B. und Otto N. sowie die Urnen mit der Asche von Walter V. und Viktor S. zu exhumieren und chemisch analysieren zu lassen.

Schon die ersten Untersuchungsergebnisse, die Winter und sein Team auf den Tisch bekommen, lassen an Eindeutigkeit nichts zu wünschen übrig.

Magdeburger und Berliner Wissenschaftler haben neben der Asche aus den Urnen von Walter V. und Viktor S. weitere 20 Proben von Toten, die im Krematorium Magdeburg eingeäschert wurden, untersucht und verglichen. Bei den Vergleichsproben wurde ein maximaler Arsengehalt von 200 Gammaprozent (Mikrogramm pro 100 Gramm) festgestellt. Bei V. und S. liegen die Arsenwerte um ein Vielfaches höher. Und auch die vorläufigen Analyseergebnisse der Leichen von B. und N. lassen ein ähnliches Bild erkennen.

Der Chefermittler schreibt am 15. November 1960 in seinen Bericht: „Jedoch dürfte bereits jetzt der Beweis erbracht sein, dass bei allen vier Verstorbenen Arsenvergiftung vorgelegen hat."

Das wissenschaftliche Abschlussgutachten gibt Winter recht. Knochenreste in der Asche von Viktor S. enthalten 2.100 Gammaprozent des metallischen Giftes. Knapp 9 Gammaprozent in „frischen Knochen" sind hingegen normal. Das Bezirks-Hygiene-Institut Magdeburg geht deshalb von einer „erheblichen, vermutlich über längeren Zeitraum erstreckte Aufnahme" von Arsen aus.

In den Knochenresten aus der Urne Walter V.s werden 500 Gammaprozent Arsen analysiert.

Noch eindeutiger sieht das Ergebnis bei den erdbestatteten Leichen aus. In der Leber der drei Jahre zuvor beerdigten Berta B. stellen die Wissenschaftler einen Arsenwert von 10.000 Gammaprozent, im Kopfhaar 360 Gammaprozent (normal sind 30 bis 80 Gammaprozent) fest. In den Baucheingeweiden finden sie 700 Gammaprozent und im Oberschenkel 500 Gammaprozent (normal sind 8 bis 9 Gammaprozent).

Im Kopfhaar von Otto N. werden 400 Gammaprozent Arsen festgestellt, im Oberschenkel 100 Gammaprozent.

Dass es sich nicht um eine nachträgliche Verunreinigung der sterblichen Überreste handelt, weiß der erfahrene Chef der Mordkommission. Denn das metallische Gift Arsen lagert sich nur zu Lebzeiten in Haaren und Knochen ab.

Inzwischen liegt auch die abschließende Haaranalyse von Familie W. vor, bei der Agnes V. zur Untermiete wohnte. Bei Emmi W. wird mit 870 Gammaprozent das mehr als Zehnfache der Normalmenge an Arsen gefunden, bei Ehemann Gerhard 750 Gammaprozent und bei Sohn Klaus 500 Gammaprozent.

Agnes V. bringt es allerdings nicht aus der Ruhe, als ihr bei der nächsten Vernehmung die Untersuchungsergebnisse mitgeteilt werden. Immer wieder beteuert sie ihre Unschuld. Sowohl im Falle der Lebensmittelvergiftungen bei Familie W. als auch bei den vier Todesfällen zwischen 1949 und 1959.

Der Aktenberg zum „Serienmord Stendal" ist inzwischen zu ansehnlicher Größe angewachsen. Alles deutet auf einen Indizienprozess hin. Denn obwohl Adalbert Winter die Reinigungskraft des Reichsbahnausbesserungswerks Stendal immer wieder befragt, kommt er mit ihr keinen Schritt weiter.

Ein Schlaglicht auf die Persönlichkeit der Beschuldigten wirft die Aussage von Ruth H. Sie hatte im Oktober und November 1960 in der Stendaler Untersuchungshaft die Zelle mit Agnes V. geteilt. „Die V. hat mir geraten, bei Verhören nicht gleich zu antworten, sondern erst gut zu überlegen. ‚Handlungen, wo keiner dabei war, kann sowieso keiner beweisen', hat sie gesagt. und: ‚Ich habe eiserne Nerven.'"

Am 28. November 1961 erhebt die Staatsanwaltschaft Anklage wegen Mordes in zwei Fällen (Berta B. und Viktor S.) sowie des Mordversuchs im Falle der Familie W. Auf die Anklage in den mutmaßlichen Giftmorden Walter V. und Otto N. verzichtet der Staatsanwalt aufgrund der nach sieben bzw. elf Jahren komplizierten Beweislage.

Der Prozess vor dem III. Strafsenat des Magdeburger Bezirksgerichts beginnt am 28. Dezember 1961. Er dauert fünf Tage.

Sieben Zeugen und fünf Sachverständige werden gehört. Besonders die Gutachter belasten die Angeklagte schwer. Doch Agnes V. ist auch im Gerichtssaal nicht bereit zu gestehen. Somit kommt auch nicht ans Tageslicht, woher das Arsen stammt.

Die Staatsanwaltschaft sieht es trotzdem für erwiesen an, dass Agnes V. ihre Hauswirtin Berta B. vergiftet hat, um sich in den Besitz ihrer Wertsachen, Schmuck und Bekleidung zu bringen. Dasselbe Motiv, Habgier, weist die Strafkammer im Falle der Ermordung von Viktor S. nach. Die Täterin habe Familie W. vergiften wollen, um nicht aus der Wohnung zu müssen.

Der Staatsanwalt beantragt eine lebenslange Haftstrafe.

In ihrem Schlusswort sagt Agnes V.: „Ich kann die Strafe nicht annehmen. Ich kann mich nicht dazu bekennen. Ich bin nie im Besitz von Gift gewesen." Ihre letzten Sätze sind: „Auch wenn ich verurteilt werde, werde ich arbeiten für die Arbeiter- und Bauernmacht und dafür, dass uns der Frieden erhalten bleibt."

Am 8. Januar 1962 um 15 Uhr spricht die Vorsitzende Richterin Krug das Urteil: lebenslänglich. In ihrer 32 Seiten langen Begründung heißt es zum Schluss: „Von der Todesstrafe war abzusehen, weil diese Strafe

derartigen Verbrechen vorbehalten sind, die sich gegen Staat und Frieden richten."
Drei Tage nach der Verurteilung geht der Anwalt der „Arsen-Hexe von Stendal", wie Agnes V. in der Altmarkstadt genannt wird, in Berufung. Der 2. Strafsenat des Obersten Gerichts der DDR weist die Berufung am 4. Mai 1962 zurück.
Die Strafgefangene mit der Nummer 356/63 kommt in die Haftanstalt Hoheneck, fünf Jahre später nach Leipzig.
Am 10. Januar 1978 unterschreibt Staatsratsvorsitzender Erich Honecker den Gnadenentscheid. Agnes V. wird nach 18 Jahren Haft die Reststrafe erlassen. Am 15. April öffnen sich für die 77-Jährige die Gefängnistore.

Der Hammer-Mörder von Calbe

Montag, 30. Mai 1960. Heinz Gericke* sitzt am Schreibtisch des Betriebsschutzhäuschens vom Niederschachtofenwerk Calbe/Saale. Es ist eine ruhige Nacht. Und alles deutet darauf hin, dass es bis zum Schichtschluss so bleibt.
Da betritt gegen 2.30 Uhr ein junger Mann den sogenannten Posten 5. „Ich bin nur mal so durchs Werk gegangen", erklärt er. „Ich wollte den Nachhauseweg abkürzen." Der Polizeihauptwachtmeister vom Betriebsschutzkommando Ost verlangt den Ausweis. „Betriebsausweis hab ich nicht", sagt der nächtliche Besucher, reicht dem Polizisten jedoch ein Personaldokument. „Wo arbeitest du?" Antwort: „Im Gelatinewerk."
Als sich Gericke über den Ausweis beugt, schlägt der junge Mann unvermittelt zu. Den Hauptwachtmeister treffen drei Hammerhiebe, zwei über der rechten Augenbraue, einer verletzt ihn am Hinterkopf.
Benommen richtet sich der Polizist auf. Der Täter flieht in Richtung Bahnhof. Er lässt Ausweis und Hammer zurück. Blutüberströmt schafft es das Opfer bis zum Telefon. Gericke wählt die 11, die Zentrale des Eisenwerks: „Hilfe, Überfall! Ich blute wie ein Schwein."
Acht Minuten später stürmen zwei Betriebsschützer ins Pförtnerhaus. Der Polizist wird in die Poliklinik gefahren.

Zur selben Zeit beginnen die Ermittlungen. Durch den zurückgelassenen Ausweis sind Name und Wohnort

Das Betriebsschutzhäuschen des Niederschachtofenwerks Calbe/Saale am „Posten 5" wurde im Mai 1960 zum Ort des Gewaltverbrechens

des Täters bekannt: Hans Reiter*, Grizehner Straße, Calbe/Saale.
Die VP-Hauptwachtmeister Strube und Lehmann werden gegen 3 Uhr zur Adresse des Verdächtigen geschickt. Der 21-Jährige wohnt bei seinen Eltern. Da die Polizisten ihn nicht antreffen, legen sie sich auf die Lauer und warten.
Doch anstatt Reiter zu fassen, machen sie, nachdem es hell geworden ist, eine schreckliche Entdeckung. Im Chausseegraben gegenüber dem Haus des Gesuchten stoßen sie gegen 4.30 Uhr auf einen Toten. Sein Kopf ist regelrecht zerschmettert. Als der Notarzt die Leiche auf den Rücken dreht, finden die Polizisten einen Hammer unter dem Kopf des Opfers. Der Knapp 30 Zentimeter lange Stiel ist abgebrochen. Aus der Jackentasche holen die Ermittler einen Werksausweis auf den Namen Hans Reiter und einen Entlassungsschein der Deutschen Grenzpolizei Salzwedel auf den Namen Norman Schlei*.

Um 5.15 Uhr trifft der Chef der Bezirksmordkommission am Tatort in Calbe-Ost ein. Ein Fährtenhund des Polizeikreisamts Burg wird eingesetzt, kann aber keine Spur aufnehmen. Kriminaltechniker notieren ab 7.30 Uhr akribisch jedes Detail. Der Tote liegt im Graben neben dem Sommerweg, unmittelbar an einer Bake vor einem unbeschrankten Bahnübergang. Um ihn herum ist das Gras heruntergetreten.

Die Leiche des 20-jährigen Norman Schlei wurde im Straßengraben gefunden

Die Identität des rotblonden Mannes im klein gemusterten Sakko und der dunkelbraunen Hose ist schnell klar. Es handelt sich um Norman Schlei.

Die Obduktion am Pathologischen Institut der Medizinischen Akademie Magdeburg ergibt am selben Tag: „Tod durch stumpfe und halbscharfe Gewalt". Den 20-Jährigen haben 13 Schläge getroffen. Der Hammer passe in die Umrisse der Verletzung neben dem linken Scheitelbein. „Todesursache: Hirnlähmung nach zahlreichen Brüchen des Schädeldachs und Trümmerbrüchen."

Auch am zweiten Tatort in Calbe-Ost, dem Pförtnerhäuschen des Niederschachtofenwerks, sind die „Spurenleser" der Kripo nicht untätig. In ihrer Skizze ist die spärliche Einrichtung – Tisch, Stuhl, Pförtnerklappe – eingezeichnet. Der Leiter der Mordkommission liest den Vermerk: „Der Schreibtisch ist voller Blut. Der geschädigte Polizeihauptwachtmeister hat ausgesagt, dass er sicher ist, dass die Tatwaffe ein Hammer war." Ein Ermittlungsverfahren wegen Mordes und Mordversuchs wird eingeleitet.

Die Fahndung nach Hans Reiter beginnt und die Suche nach dem Tatmotiv. Kriminalisten versuchen zu klären, ob es zwischen Opfer und Täter schon vor dem Mord eine Beziehung gegeben hat. Die Aussagen der Eltern des Toten helfen weiter: „Die beiden waren zwar nicht befreundet, aber Kollegen im Karl-Schröter-Schacht und im Gelatinewerk Calbe." Am Sonntag, dem 29. Mai, sei ihr Sohn Norman gegen 19.30 Uhr mit seinem Motorroller „Berlin" von zu Hause losgefahren. Wahrscheinlich habe er in Calbe in die Tanzgaststätte „Café Eisenhardt" gewollt.

Die Befragung des Vaters des Tatverdächtigen ergibt ein wichtiges Detail. Er habe Montag früh festgestellt, dass der Werkzeugschrank offen stand und zwei Hämmer fehlten. Nach den Zeugenaussagen von Eltern und Geschwistern des Flüchtigen kann sich die Kripo ein Bild von Hans Reiter machen.

1945 war der jüngste von sechs Geschwistern in die Volksschule gekommen, doch nach zwei Jahren musste er in die Hilfsschule umgesetzt werden. Er sei häufig krank gewesen, so Wilhelm Reiter*, der Vater des Flüchtigen. Auch in der Pestalozzi-Schule schaffte Hans Reiter nur das Ziel der 5. Klasse. Seine Lehrerin bezeichnet ihn als „schwer debil". Er habe lediglich gelernt, Zahlen zwischen eins und zehn zu addieren oder zu subtrahieren sowie vor- und rückwärts von eins bis einhundert zu zählen.

1954/55 arbeitete Reiter bei einem Bauern in Werkleitz bei Calbe als Gespannführer, bis 1957 bei einem Landwirt in Tornitz. Danach war er als Kettenbahner im Braunkohletagebau Unseburg/Calbe beschäftigt. Weil er einem Freund das Motorrad gestohlen hatte, wurde er 1958 zu einer Haftstrafe von 22 Monaten verurteilt. Es gelang ihm, aus dem Gefängnis zu fliehen. Sieben Tage hatte er sich verbergen können. Zuletzt war er als Transportarbeiter im Gelatinewerk Calbe beschäftigt.

Von Harry Brode, dem VP-Abschnittsbevollmächtigten von Calbe-Gottesgnaden, erfährt die Mordkommission, dass es am 26. Mai auf der Straße eine Schlägerei zwischen Reiter und einem gewissen Helmut Bauer* gegeben hat. Außerdem habe der Gesuchte in Trabitz einem Gastwirt eine kleine Starterpistole zum Kauf angeboten. Der Lokalbesitzer hatte die Waffe abgegeben. Außerdem sagt der Mann aus, dass Reiter sich damit gebrüstet hätte, jemanden in Barby zu kennen, der für 165 Mark eine Pistole 08 verkaufen will, und dass sein Bruder eine Pistole, Kaliber 7,65, mit zwölf Schuss Munition besitzt. Bei den weiteren Ermittlungen erweisen sich diese Geschichten als reine Prahlerei.

Die Kripo nimmt sich die Besucher der Tanzgaststätte „Café Eisenhardt" vor und kommt zu weiteren Ergebnissen: Reiter und Schlei waren Sonntagnacht dort. Das belegen die Aussagen mehrerer Gäste. Zeugin Renate Dünne* sagt aus, Reiter an der Theke gesehen zu haben. Später sei Schlei hinzugekommen. Nach 1 Uhr hätten beide das Lokal verlassen. Ein weiterer Augenzeuge, Dieter Zug*, unterstützt mit seiner Beobachtung die Aussage. Er habe Schlei gegen 1.30 Uhr mit dem Motorroller die Leninstraße entlangfahren gesehen, in Richtung Eisenwerk. Auf dem Sozius habe Reiter gesessen. Schlei habe noch gerufen, dass sie nach Calbe-Ost wollen.

Am 30. und 31. Mai 1960 fahren Lautsprecherwagen der Polizei durch Calbe/Saale, Brumby, Groß und Klein Rosenburg sowie Tornitz. Die Worte des Schutzpolizisten am Mikrofon rütteln auf: „Mörder gesucht! Gesucht wird Hans Reiter, Alter 21 Jahre. Er hat dunkelblondes Haar, ist 1,60 Meter groß und hat eine Tätowierung auf dem linken Unterarm. Bekleidet ist er mit einer braunen Manchesterjacke und einer graugrünen Manchesterhose. Er hat möglicherweise einen Personalausweis auf den Namen Schlei bei sich. Wahrscheinlich ist er mit einem blaugrauen Motorroller ‚Berlin' unterwegs. Kennzeichen HX 35-83. Die Bevölkerung des Kreises Schönebeck wird gebeten, der VP bei der Ergreifung des Täters Unterstützung zu leisten."
Immer mehr schält sich heraus, dass der Motorroller das Mordmotiv sein könnte. Denn die Ermittler wissen inzwischen, dass Reiter unbedingt ein Motorrad haben wollte. „Egal wie ich dazu komme", soll er mehrfach geäußert haben, „ich besorg mir eins."
Erneut sprechen die Kriminalisten mit Emmy Reiter*, der Mutter des Flüchtigen. Die Frau schildert, wie sie dem 21-Jährigen Sonntagabend Vorhaltungen ge-

macht hat: „Mach keine Dummheiten, Junge." – „Mama, lass mich doch. Wer weiß, wie lange ich noch lebe", kommt die Antwort. Ins Gefängnis kriege ihn keiner wieder. Und schließlich: „Lieber schieße ich mir eine Kugel in den Kopf." Das Kreisgericht Schönebeck erlässt am 31. Mai 1960 Haftbefehl gegen den Tatverdächtigen.

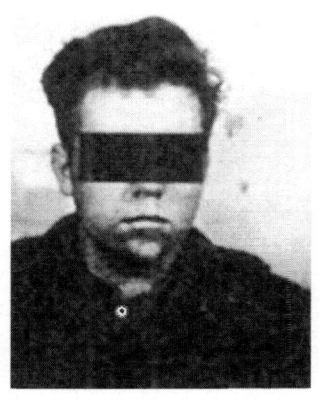

Wegen eines Motorrollers brachte der 21-jährige Hans Reiter einen Bekannten um

Am Nachmittag desselben Tages meldet sich gegen 14 Uhr der Nachtwächter der Maschinen-Traktoren-Station in Werkleitz bei der Polizei. Durch das Mithilfeersuchen der Polizei fiel ihm ein Vorfall in der Nacht vom 29. zum 30. Mai wieder ein. Zwischen 2.10 Uhr und 2.15 Uhr hatte er Motorgeräusche aus Richtung Tornitz gehört. „Es war ein Motorrad", sagt Otto Lorenz* kurze Zeit später aus. „Ich habe Scheinwerfer gesehen." Dann habe er ein „Krachen" gehört, als ob der Fahrer gestürzt wäre. Als er zur Unfallstelle kam, sei gerade ein Motorroller in der Dunkelheit verschwunden. „Das Nummernschild konnte ich nicht erkennen, weil die Kennzeichenleuchte nicht an war. Ich habe aber eine braune Mütze, Messingteile und blaue Lacksplitter gefunden."
Obwohl der Wächter das Nummernschild nicht erkennen konnte, ist es für den Leiter der Bezirksmordkom-

mission sicher, dass der Motorrollerfahrer kein anderer als Hans Reiter gewesen sein kann. Der Chefermittler fährt sofort nach Tornitz.

Die 25 Meter lange Unfallspur auf dem Kopfsteinpflaster zeigt, dass der Fahrer in der Kurve die Kontrolle über das Fahrzeug verloren hat. Sie verläuft immer mehr Richtung Bordsteinkante. An ihrem Ende stellen die Ermittler Alugussteile vom Trittbrett eines Motorrollers und weitere Lacksplitter sicher.

Am Nachmittag des 31. Mai wollen Otto Adler* und Gottfried Woizek* von der LPG Gottesgnaden bei Calbe Stroh abfahren. Dabei fallen Woizek zwei beschuhte Füße an einem Diemen auf. „Ich dachte erst, da liegt ein Toter", sagt er später aus. Als beide das Stroh wegräumen, entdecken sie einen jungen Mann. Sie kennen das Gesicht von den Fahndungsplakaten. Es ist Hans Reiter. Die Bauern schicken einen jungen Mann los, er soll vom LPG-Gebäude die Polizei anrufen. Kurze Zeit später treffen die Polizeiunterleutnants Lutterloh und Niemann sowie VP-Hauptwachtmeister Lehmann am Diemen ein.

Dort hat sich inzwischen eine große Menschengruppe versammelt. Einige Bauern halten ihren Gefangenen mit Forken in Schach. Kurz nach 17 Uhr klicken die Schließeisen um die Handgelenke des Gesuchten.

Schon beim ersten Verhör, das noch am selben Tag von 17.30 Uhr bis 22 Uhr stattfindet, gesteht Reiter Mord und Mordversuch. „Ich hatte die Absicht, mir auf irgendeine Weise das Motorrad anzueignen", sagt er. Deshalb habe er Schlei im „Café Eisenhardt" gebeten, ihn nach dem Tanz nach Hause zu fahren. „Aber erst, als ich ihm gesagt habe, dass er zehn Mark kriegt, hat er ja gesagt." Seine Wohngegend sei ihm „als geeignet für die Tat" erschienen. Er habe Schlei mit Hammer oder Meißel erschlagen wollen, so sein Plan. Gegen 1 Uhr hätte er sich mit dem 20-Jährigen am Markt von Calbe getroffen.

Neben der Bahnübergangs-Bake in der Grizehner Straße in Calbe-Ost habe Schlei seinen Roller abgestellt. Angeblich um Geld aus der Wohnung seiner Eltern zu holen, war Reiter ins Haus gegangen. „Ich nahm eine dunkelbraune Mütze vom Haken, sieben Mark aus dem Portemonnaie meiner Mutter und im Vorbau einen Hammer aus dem Werkzeugschrank meines Vaters. Schlei saß auf dem Motorroller. ‚Ich habe kein Geld', sagte ich ihm, als ich wieder draußen war, und hab ihm einen Schlag mit dem Hammer verpasst. Er ist rückwärts vom Sitz gefallen, der Motorroller ist umgekippt und Schlei hat mit den Beinen gestrampelt." Daraufhin folgten weitere Hiebe. Danach habe er das Opfer tiefer in den Straßengraben gezogen, „damit es nicht so schnell gesehen wird". Dann habe er die Windjacke seines Opfers angezogen und die Papiere genommen.

„Als ich ihn umgedreht habe, fing er wieder an zu strampeln. Ich habe noch mal zugeschlagen." Bei diesem letzten Hieb auf den Hinterkopf seines Opfers war der Hammerstiel gebrochen.

Er sei mit dem Roller nach Barby gefahren. Dabei habe er „in Werkleitz die Rechtskurve nicht gekriegt". „Ich wollte mir irgendwo eine Pistole besorgen, weil ich nicht lebend in die Hände der Polizei fallen wollte. Vorher wollte ich jedoch sehen, ob Schlei wirklich tot ist."

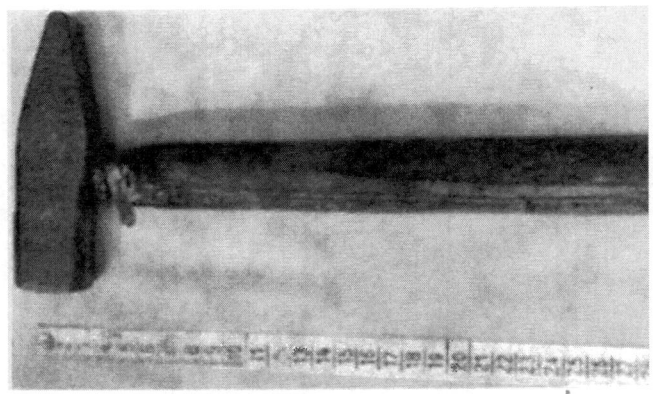

Mit diesem Hammer wurde Norman Schlei erschlagen. Dem Mörder ging es um den Motorroller des Opfers.

Reiter fuhr zurück zum Tatort und überzeugte sich. Dann ging er ins Haus und holte einen zweiten, kleineren Hammer. „Ich wusste jetzt, wo ich eine Pistole herkriege – vom Polizeiposten im Eisenwerk. Am Konsum in der Grizehner Straße bin ich über den Werkszaun geklettert und bin zum Wachhaus hin." Dann schildert er ausführlich den Mordversuch an Hauptwachtmeister Gericke. Seine Darstellung der Tat deckt sich völlig mit den Aussagen des verletzten Polizisten.

Als die Tat misslang, sei er mit dem Roller bis zur Holländermühle gefahren und dann auf dem Feldweg bis Barby, danach bis zur alten Saalefähre. „Weil kaum noch Benzin im Tank war, habe ich den Roller in den Fluss geschoben." (Bei einem Lokaltermin am 1. Juni 1960 finden Feuerwehrtaucher das Fahrzeug zweieinhalb Meter vom Ufer im Wasser.) Reiter schwamm zum anderen Ufer und versteckte sich im Rosenburger Forst.

Die Bergung des Motorrollers des ermordeten Norman Schlei im Juni 1960

„Abends bin ich dann nach Trabitz in den Diemen. Ich wollte mich ein paar Tage verstecken und dann wieder zu meinen Eltern." Bei seiner Vernehmung am 8. Juni fügt er hinzu: „Hätte ich im Diemen eine Pistole gehabt, hätte mich keiner festgenommen."
Die Untersuchung durch einen Nervenfacharzt ergibt, dass Reiter „unterdurchschnittlich intelligent" ist, von „rücksichtsloser Triebhaftigkeit". Der 21-Jährige sei „egoistisch, gewaltbereit und schreckt vor keinem Verbrechen zurück", heißt es im Bericht des Mediziners.
Am 19. September 1960 beginnt vor dem II. Strafsenat des Bezirksgerichts Magdeburg der Prozess gegen Reiter. Doch anstatt das Urteil zu sprechen, verweist Richter Rätzel den Fall eine Woche später an die Staatsanwaltschaft zurück – zur „umfangreichen und sorgfältigen Nachvernehmung des Angeklagten". Der Grund: Reiter hat, nachdem die Staatsanwaltschaft

eine lebenslange Haftstrafe wegen Mordes und zehn Jahre Zuchthaus wegen Mordversuchs beantragt hatte, in seinen letzten Worten neue Aspekte ins Spiel gebracht. Alle Aussagen seien nicht wahr. Er habe Schlei erschlagen, weil er mit dessen Roller in den Westen fliehen wollte. „Zwei Frauen sind hinter mir her. Sie haben angeblich ein Kind von mir."
Die Nachvernehmungen am 25. Oktober und 9. November 1960 bringen allerdings keine neuen Erkenntnisse.
Am 16. Dezember beginnt der Prozess erneut. Am vierten Verhandlungstag, dem 20. Dezember, verkündet der Vorsitzende Richter Rätzel im Namen des Volkes: lebenslange Haft wegen Mordes und Mordversuchs.
Aus dem Zuchthaus Brandenburg bemüht sich Reiter 1969 zum ersten Mal um ein Wiederaufnahmeverfahren. Sein Schwager sei der Mörder gewesen, lautet seine Begründung. In der Ablehnung heißt es, dass nicht nur Zeugenaussagen, sondern auch die objektiven Beweise gegen diese Theorie sprechen.
Auch sechs weitere Anträge, der letzte im Jahr 1977, auf Wiederaufnahme sind erfolglos. Am 28. November 1977 stirbt der 38-Jährige nach 17 Jahren Gefängnis im Haftkrankenhaus Leipzig.

Ein Mord, zwei Geständnisse

Eine illustre Gesellschaft ist Anfang der 1960er-Jahre rund um den Neustädter Bahnhof versammelt. Zu ihr gehören die Klofrau „Piss-Minna" ebenso wie der Pförtner „Tinte", das leichte Mädchen „Sonnenschein" sowie „Saufhans" und „Lautsprecher". Auch der 76-jährige Fuhrunternehmer Max Sch. verkehrt in der „Mitropa". Am 25. Februar 1961 wird er ermordet.
Max Sch. ist ein Einzelgänger. Und wenn sich der 76-Jährige nicht gerade in seinem Abrissgehöft in Alte Neustadt aufhält, ist er mit seinem Pferdewagen auf Tour oder auf ein Essen im Hotel am Neustädter Bahnhof, manchmal auf ein paar Bier in der Bahnhofskneipe.
Der alte Mann haust mehr, als er wohnt. Rings um die Kleine Weinhofstraße entstehen zu dieser Zeit Neubauten. Unmittelbar daneben befindet sich, umgeben von Gerümpel, Abrissmaterial und Erdhaufen, das alte Gehöft, in dem Max Sch. lebt, mit den heruntergekommenen Fuhrwerken auf dem verwilderten Hof und dem knochigen Klepper im Schuppen. Sch. hält sich in einem unordentlichen, schmutzigen Raum ohne Strom auf, der selbst am Tag dunkel ist, weil die Fenster durch den Ruß des Kanonenofens völlig verdreckt sind.
Diese „Höhle" wird Ende Februar 1961 zum Tatort in einem Mordfall mit ungewöhnlichem Ausgang.
Am 28. Februar 1961 bekommt das Magdeburger Volkspolizeikreisamt gegen 15 Uhr vom Revier Nord die Meldung, dass in der Kleinen Weinhofstraße 4 der Fuhrmann Max Sch. tot aufgefunden wurde. Eine Be-

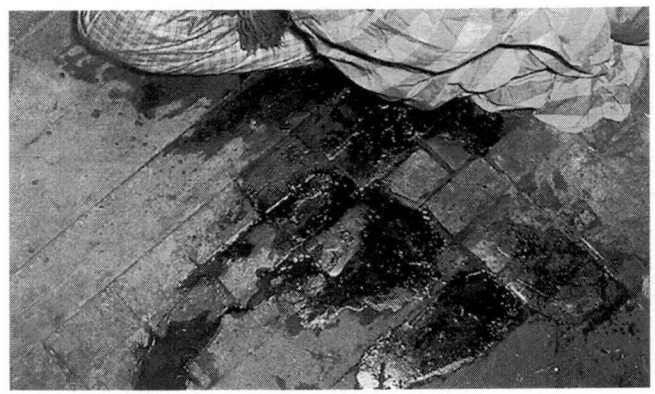

Der blutige Fußboden vor dem blau-weiß karierten Deckbett, auf dem der Hinterkopf des Toten lag

kannte habe den Mann durch eine etwas weniger verschmutzte Stelle des Fensters liegen sehen. Mordverdacht, Täter unbekannt.
Die Morduntersuchungskommission des Bezirks Magdeburg übernimmt den Fall. „Harras", ein Fährtenhund aus Stendal, schnüffelt rund um das wieder eingerichtete Abrissgrundstück. Ohne Erfolg.
Die Mordermittler werden vom Abschnittsbevollmächtigten der VP darüber informiert, dass die Wohnung verschlossen war und die Tür deshalb mit einer Brechstange geöffnet werden musste.
Die Kriminalisten versuchen sich erst einmal im Chaos des drei mal vier Meter großen Raumes zu orientieren. Das Opfer liegt vor dem alten Holzbett auf einem blau-weiß karierten Federbett.
Kopf, Arme und Hände des Mannes mit Stirnglatze und dichtem Oberlippenbart sind blutverschmiert.

Auf einer Holztruhe liegen bunt durcheinander Papiere, Schecks, Briefe, Bücher und ein Prämiensparbuch mit knapp 70 Mark auf den Namen Max Sch. Vor der Truhe steht ein blutiges Beil.
Zur Einrichtung gehören ein Schreibschrank, dessen Kästen herausgezogen und durchwühlt sind, ein Küchentisch, auf dem schmutziges Geschirr, zum Teil mit Essensresten, steht, ein eiserner Ofen, eine Petroleumlampe und eine Wasserkanne.
Gerichtsmediziner der Medizinischen Akademie Magdeburg nehmen die erste Leichenschau vor. Sie stellen eine klaffende Wunde über der rechten Augenbraue fest. Der Knochen liegt teilweise frei. Das Nasenbein ist gebrochen, Hautabschürfungen im Gesicht. Am schlimmsten sieht der Hinterkopf des Toten aus. Er ist regelrecht zerschmettert. Zudem registrieren die Ärzte Abwehrverletzungen an den Unterarmen und Händen.
Die Obduktion einen Tag später nennt als Todesursache Hirnlähmung nach Brüchen des Schädeldachs und -grundes durch scharfe, halbscharfe und stumpfe Gewalt. Neben der tödlichen Hirnprellung stellen die Ärzte Würgemale am Hals fest. Aufgrund der Abwehrverletzungen gehen sie von einem längeren Kampf zwischen Opfer und Täter aus.
Der tödliche Hieb über der Augenbraue, der einen Berstungsbruch nach sich zog, wurde geführt, als das Opfer bereits auf der Erde lag. Insgesamt werden 22 Einzelverletzungen gezählt.
Für die „Spurensucher" der Kripo ist es äußerst schwierig, in dem Durcheinander und Unrat zwischen

Das Abrissgrundstück Kleine Weinhofstraße 4, zwischen der Pappelallee und der Großen Weinhofstraße in Magdeburg, Alte Neustadt

ungespültem Geschirr und dreckiger Kleidung etwas Brauchbares zu finden. Doch sie werden fündig. Unter anderem entdecken sie in einer Blutlache ein langes graues Haar und an einer henkellosen Porzellantasse im Fensterbrett einen blutigen und deshalb sogar mit bloßem Auge sichtbaren Fingerabdruck.

Der Hinweis des Polizeireviers Nord vom 28. Februar könnte eine erste Spur sein, glauben die Mordermittler. Fünf Tage zuvor hatte Max Sch. im Revier angezeigt, dass ihm von Jugendlichen die Brieftasche gestohlen worden war. Doch auf der Polizeidienststelle hatte man dem 76-Jährigen nicht geglaubt, weil er „oft unsinniges Zeug" erzähle.

Während sich die einen um diese Anzeige kümmern, nehmen andere Kriminalisten Elisabeth S. unter die Lupe. Die 61-Jährige ist es, die den Toten durchs Fenster gesehen hat und die Polizei alarmierte.

Die Reinigungskraft aus dem Magdeburger Messgerätewerk wird als Zeugin vernommen und stellt dabei den Sachverhalt anders dar, als sie ihn am 28. Februar geschildert hat. „Am 27. Februar bin ich gegen 16 Uhr zum Haus von Herrn Sch. gekommen. Ich sollte 13 Hemden waschen", erzählt sie. Weil der 76-Jährige nicht da war, habe sie Holz im Hof gehackt.
Sie sei öfter auf dem Grundstück gewesen, um dem alten Mann zu helfen.
„Am 28. Februar bin ich dann gegen 9.45 Uhr wieder zur Kleinen Weinhofstraße gegangen. Ich habe geklopft. Keiner hat aufgemacht." Sie habe bemerkt, dass die Tür nur angelehnt war. „Ich bin reingegangen und habe mich erschrocken. Da lag Sch. auf der Erde. Der Arm war blutig." Sie habe ein NVA-Auto angehalten und sei zur Polizei am Domplatz gefahren worden.
Auf den Hinweis der Vernehmer, dass sie zuvor geschildert habe, dass die Tür verschlossen war, revidiert sie ihre Aussage erneut: „Ich habe die Tür aufgeschlossen, später wieder zu. Der Schlüssel lag hinter Brettern."
Die Ermittler, die sich um die Diebstahlsanzeige gekümmert haben, sind sich schon bald sicher, dass die Jugendlichen nichts mit dem Mord zu tun haben.
Die Kripo macht sich langsam ein Bild von der ganz eigenen Gesellschaft, in der der alte Mann verkehrt hat. In der „Mitropa"-Kneipe „Neustädter Bahnhof", seinem Stammlokal, ist er bekannt wie ein bunter Hund. Von der Bahnhofsklofrau Minna K., die alle nur „Piss-Minna" nennen, über Elisabeth S., die sich in Widersprüche verstrickt, wenn sie darüber spricht, wie sie den Toten fand, die Bahnhofsnutte Anneliese

„Sonnenschein", die hin und wieder als Aushilfskellnerin im gleichnamigen Magdeburger Lokal arbeitet, bis zu Männern mit einem ansehnlichen Vorstrafenregister verbringt dort die Magdeburger „Prominenz" ihre Abende und Nächte.

Einige der Halb- und Unterweltler fanden immer wieder Unterschlupf in der Fastruine des Fuhrmanns. Manche nutzten seine Gutmütigkeit aus. Auch seine ehemalige Haushälterin Frieda F. Sie bestahl Sch. Doch als Täterin kommt sie nicht infrage. Die Kripo ermittelt, dass Frieda F. seit einigen Monaten in Haft sitzt.

Die Ermittler hören sich in der Bahnhofskneipe um. Das Personal schildert Max Sch. als genügsamen Menschen, der „nie übermäßig betrunken" gewesen sei. Allerdings weiß man auch dort, dass er „oft zweifelhafte männliche und weibliche Personen beherbergt und beköstigt hat".

Der Neustädter Bahnhof könnte Ausgangspunkt für den Mord sein, vermuten die Ermittler.

Trotzdem vernachlässigt die Mordkommission die Routinebefragungen in der Nachbarschaft von Max Sch. nicht. Zwei der Aussagen streichen die Ermittler rot an. So erzählt Elfriede S., dass sie am Montag, den 27. Februar, eine Frau sah, die auf dem Hof von Sch. Holz hackte.

Josef K. meldet sich aufgrund eines „Volksstimme"-Artikels bei der Polizei. Darin wurde die Bevölkerung zur Mithilfe aufgerufen. „Meine Frau und ich haben am 27. Februar von der Pappelallee aus gesehen, dass ein Mann sich durch die klemmende Hoftür zwängte und auf das Grundstück ging. Auf dem Rückweg haben wir den 40- bis 50-Jährigen noch einmal gesehen. Er trug einen Wintermantel über dem Arm und einen schwarzen Geigenkasten in der Hand."

Inzwischen hat die MUK die Kontenermittlung auf dem Tisch. Neben dem in der Wohnung sichergestellten Prämiensparbuch (67,44 Mark), hat Sch. 1.763,80 Mark auf dem Giro-, 6.977,17 Mark auf dem Sparkonto. Das Sparbuch fehlt.

Die 61-jährige Elisabeth S. wird für die Kriminalisten noch interessanter, als der Strafregisterauszug vorliegt: Seit 1920 wurde sie 14-mal wegen „gewerblicher Unzucht" verurteilt. Nach dem Krieg zweimal wegen Betrugs, zuletzt im Oktober 1959.

Am 3. März wird gegen S. ein Ermittlungsverfahren wegen Mordverdachts eingeleitet. Der Grund sind die Widersprüche, in die sich Elisabeth S. bei ihren Aussagen verstrickt.

Noch am selben Tag um 2.30 Uhr sitzt die Reinigungskraft aus dem Magdeburger Messgerätewerk erneut vorm Vernehmer. Diesmal jedoch als Beschuldigte. Sie soll noch einmal schildern, wie sie den Erschlagenen fand.

„Ich wusste, dass der Wohnungsschlüssel rechts neben der Tür hinter Brettern lag. Am 27. Februar habe ich die Tür geöffnet und den Toten gesehen. Danach habe ich die Tür wieder abgeschlossen." Draußen habe sie Holz gehackt. Gegen 17 Uhr sei sie gegangen. „Am nächsten Tag bin ich wieder hin. In der Wohnung war alles durchwühlt."

Auf die Frage, womit sie das Holz gehackt habe, ant-

wortet die Frau: „Erst mit dem kleinen Beil, dann mit der Axt."
Elisabeth S. gibt in dieser Aussage zu, ein intimes Verhältnis mit Sch. gehabt zu haben. Nach ihrer Aussage kann die 61-Jährige nach Hause gehen.
Interessant ist für die Mordermittler die Aussage einer 42-Jährigen. Elli B. teilt der Kripo am 4. März mit, dass sie am 27. Februar gegen 4.40 Uhr auf dem Weg zu ihrer Arbeitsstelle vom Abrissgrundstück Krach gehört hat. Das sei ihr deshalb aufgefallen, weil sie gar nicht gewusst habe, dass in dieser „Klabache" jemand wohnt.
„Es hörte sich an, als ob ein schwerer Gegenstand gegen die Wand geworfen wird. Dann war da das Geschrei eines Mannes, Türenschlagen, ein Schleifgeräusch und eine Art Stöhnen", so ihre Aussage.
Die Polizei klopft das Umfeld des Toten erneut ab. Doch weder die Bahnhofshure „Sonnenschein", noch die Klofrau „Piss-Minna" noch die anderen aus der „feinen Gesellschaft" rund um den „Neustädter" haben etwas mit dem Fall zu tun.
Seitdem Elisabeth S. am 3. März verhört wurde, hat sie einen Schatten. Sie wird beobachtet. Dabei passiert jedoch eine Panne. „Bei den Ermittlungen wurde festgestellt, dass in der gesamten Ottenbergstraße (Wohnort der Verdächtigen, B.K.) bekannt ist, dass und warum eine Observierung durchgeführt wird", heißt es im Protokoll.

Am 8. März 1961 erlässt das Kreisgericht Magdeburg-Nord gegen die Reinigungskraft Haftbefehl.

Einen Tag später findet die zweite Beschuldigtenvernehmung statt.

„Ich bin jetzt gewillt, die ganze Wahrheit zu sagen", widerruft Elisabeth S. erneut ihre Aussage. „Am 26. Februar gegen 20 Uhr habe ich Sch. besucht. Doch er war nicht da. Ich habe gewartet. Als er kam, haben wir erst zusammen Abendbrot gegessen und dann Geschlechtsverkehr gehabt." Zuvor habe der Fuhrunternehmer das Deckbett auf die Erde gelegt, weil das alte Bettgestell schon einmal zusammengebrochen sei.

„Danach haben wir gestritten. Ich sollte zu ihm ziehen. Das wollte ich nicht. Er hat mir eine runtergehauen. Ich habe zur Axt gegriffen und damit zugeschlagen. Mehrmals. Etwa dreimal mit dem Beilrücken." Als sich der alte Mann nicht mehr rührte, habe sie die Axt weggelegt. „Durchwühlt habe ich aber nichts", beteuert sie.

Am nächsten Tag sei sie wiedergekommen und habe mit der Tat-Axt Holz gehackt. „Am 28. Februar gegen 9 Uhr war ich ein drittes Mal da. Alles war aufgebrochen und durchwühlt."

Doch auch diese Aussage hat nur einen Tag Bestand. Am 10. März eine neue Version: „Am 26. März wollte ich für den Geschlechtsverkehr von Sch. Geld haben. Er bot mir zehn Mark an, ich wollte 20. Wir stritten. Er gab mir fünf Mark und eine Backpfeife." Daraufhin habe sie den 76-Jährigen mit der Axt erschlagen. Elisabeth S. bleibt jedoch dabei, nichts aufgebrochen und durchwühlt zu haben.

Am 12. März 1961 gibt es im Mordfall „Max Sch." eine unerwartete Wende. Sie beginnt damit, dass ein

46-jähriger Schlosser in Schönebeck unter Betrugsverdacht festgenommen wird. Der Leipziger ist mehrfach vorbestraft. 1960 wurde er aus der Haft entlassen. Zwei von acht Jahren waren ihm erlassen worden.

Die Schönebecker Kriminalisten staunen nicht schlecht, als sie bei der Durchsuchung des Mannes einen Personalausweis mit der Nummer VII 0404497 auf den Namen Max Sch. finden und ein Sparbuch mit knapp 7.000 Mark auf denselben Namen.

Kurt H. wird zur Mordkommission nach Magdeburg gebracht und verhört. Am 19. Februar 1961 habe er Max Sch. im Wartesaal des Neustädter Bahnhofs kennengelernt, erzählt er. „Kann ich bei dir pennen?", habe er den alten Mann gefragt. „Doch als ich die Bruchbude in der Weinhofstraße gesehen habe, bin ich abgehauen."

Am 25. Februar sei er erneut in Magdeburg gewesen. Wieder habe er Sch. getroffen. Weil er Geld brauchte, habe er erzählt, dass er ihm ein Pferd verkaufen kann. „In der Wohnung ist es zum Streit gekommen, weil der Alte keinen Vorschuss rausrücken wollte", gibt er zu. Bei der Rangelei seien sie zu Boden gefallen. „Ich griff zum Beil und schlug zu." Danach habe er mit der Tatwaffe die Schränke aufgebrochen, aber lediglich fünf Mark mitgenommen.

„Am 26. Februar bin ich wieder hin. Sch. war tot. Ich habe nochmal alles durchsucht. Ich nahm ein Sparbuch und zwei Scheckhefte mit, außerdem einen schwarzen Geigenkasten." Mit dem Mantel überm Arm und der Geige in der Hand verließ der Mörder das Haus. Dabei war er vom Zeugen Josef K. beobachtet worden.

Am 13. März 1961 kommt H. in Untersuchungshaft.

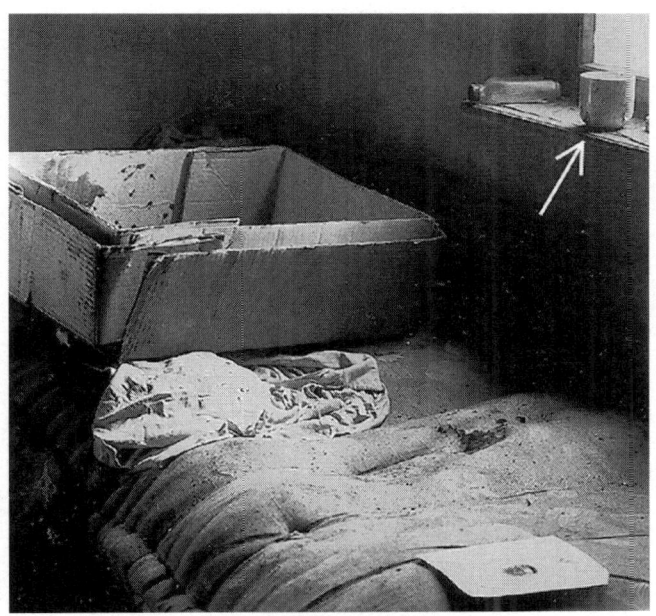

Die henkellose Porzellantasse in der Wohnung von Max Sch. Darauf fanden die Magdeburger Kriminaltechniker einen blutigen Fingerabdruck.

Drei Tage später befragen die Kriminalisten zum letzten Mal Elisabeth S. Warum sie die Schuld für das Verbrechen, das sie nicht begangen hatte, auf sich genommen habe, wollen die Ermittler wissen. Die 61-Jährige antwortet konfus, dass sie „mit den Nerven fertig" gewesen sei. Das Protokoll spricht von „unverständlichen Erklärungen". „Es war nicht möglich, sich über diesen Widerspruch sachlich und konkret mit ihr zu unterhalten."
Am 17. März wird der Haftbefehl gegen Elisabeth S. aufgehoben. Sechs Tage später ist sie frei.

Inzwischen hat der wirkliche Täter seine Angaben ergänzt. So gibt er zu, sein Opfer vor den Axtschlägen gewürgt zu haben. „Ich sah keinen anderen Ausweg mehr, um an Geld zu kommen."

Am 23. März schildert er detailliert den Tatablauf. Dabei auch den tödlichen Hieb, als das Opfer bereits auf dem Boden lag.

Neben dem Geständnis überführen die objektiven Spuren den Täter. Die wichtigste ist der blutige Fingerabdruck auf einer Porzellantasse. Die Magdeburger Kriminaltechniker vergleichen ihn mit dem Abdruck des rechten Mittelfingers von Kurt H. Zehn individuelle Merkmale stimmen in Lage, Anzahl und Form absolut überein. Die als „10" im Mordfall „Max Sch." registrierte Spur kann zweifelsfrei Kurt H. zugeordnet werden.

Das Haar, das in einer Blutlache gefunden wurde, stamme weder von Elisabeth S. noch vom Opfer. Nicht auszuschließen sei hingegen, so das Kriminaltechnische Institut Berlin, dass es von Kurt H. stammt.

Am 25. Juli 1961 beginnt vor dem II. Strafsenat des Magdeburger Bezirksgerichts der Prozess. In seinem Urteil spricht der Vorsitzende Richter Rätzel von H. als „skrupellosen Gewaltverbrecher, der keine Ehrfurcht vor Menschenleben hat". „Ein solcher Mensch muss für immer unschädlich gemacht werden." Das Urteil lautet: lebenslange Haft.

„Lebenslang" sind in diesem Fall 20 Jahre. Am 19. Oktober 1981 wird H. aufgrund eines Gnadenbeweises des Staatsrats aus dem Zuchthaus in den Bezirk Leipzig entlassen.

Die Kopfkissen-Mörderin

7. Februar 1962 gegen 14 Uhr. Vor die Kinderpoliklinik in der Magdeburger Richard-Wagner-Straße fährt ein Taxi. Ein Mann und eine Frau steigen aus. Die Frau trägt ein kleines Bündel im Arm. „Petra atmet nicht mehr", sagt Jutta B. bei der Anmeldung mit Tränen in den Augen. „Ich glaube, sie ist tot."
Die Ärztin muss das 20 Tage alte Baby nicht lange untersuchen, um festzustellen, dass die Mutter recht hat. „Ich bin um 9 Uhr von zu Hause weg", versucht die junge Frau zu erklären, „Wege und zum Friseur. Als ich um 12 Uhr zurückkam, lag Petra leblos in ihrem Bettchen."
Frau Dr. S. stellt den Totenschein aus: „Todesursache unbekannt". Für die Staatsanwaltschaft der Anlass, „von Amts wegen" die Todesursache zu ermitteln.

Am 9. Februar 1962 schreibt Kripo-Leutnant Hans Pittelkau vom Volkspolizeikreisamt (VPKA) Magdeburg in seinen Eröffnungsbericht: „Tatort: Magdeburg, vermutlich Gartenstraße 8a (Wohnung). Tatzeit: 07.02.1962 gegen 12 Uhr. Delikt: Tod unter verdächtigen Umständen. Geschädigt: Kind Petra B. geb. am 22.01.1962. Sachverhalt: Vermutlich unter verdächtigen Umständen verstorben."
Das Baby wird einen Tag nach seinem Tod im Pathologischen Institut der Medizinischen Akademie obduziert. Doch eine eindeutige Todesursache kann dort vorerst auch nicht festgestellt werden. „Die Möglichkeit einer gewaltsamen Einwirkung (Ersticken unter

weicher Bedeckung, Auskühlung usw.) bleibt offen", so ein Schreiben der Rechtsmedizin an den Magdeburger Kreisarzt. Langwierige feingewebliche Untersuchungen sollen die Todesursache klären.

Die Kriminalpolizei nimmt die Mutter des toten Kindes näher unter die Lupe. Dabei stellen die Ermittler fest, dass die 22-Jährige kein Kind von Traurigkeit ist und sich bei ihr Männer die Türklinke in die Hand geben. Jutta B. sei im Wohngebiet „als Nutte bekannt", heißt es im Ermittlungsbericht.

Und noch etwas erfahren die Magdeburger Kriminalisten: Die Schreibkraft bei der Hauptpost hatte bereits zwei Kinder, die kurz nach der Geburt starben: Michael, geboren am 31. Juli 1959, tot nach 22 Tagen, und Angelika, geboren am 16. November 1960, tot nach zehn Tagen.

Michael war mit rotem Kopf im Bett gefunden worden. Er habe Ernährungsstörungen gehabt und sei daran gestorben, sagt Jutta B. bei der Zeugenvernehmung. Eine Obduktion hatte es damals nicht gegeben.

Auch Angelika habe Ernährungsstörungen gehabt, erklärt die junge Frau. Allerdings wird diese Aussage von der Hebamme, die am Vormittag des 26. November 1960 das Baby gesehen hatte, nicht bestätigt. „Ich habe mir die Stuhlwindel angesehen und nichts Auffälliges bemerkt", sagt sie aus. Allerdings habe sie der Mutter empfohlen, zum Arzt zu gehen, wenn es dem Kind schlechter gehen sollte. Um 18 Uhr war Angelika tot.

Das Pathologische Institut stellt bei Angelika „Nabelsepsis" als Todesursache fest. Die kleine Leiche wird noch in der Medizinischen Akademie verbrannt.

Ein Ausrufezeichen für die Kripo ist, dass Jutta B. einen Tag vor dem Tod des Mädchens im Sachgebiet „Mutter und Kind" beim Rat der Stadt eine „Abtrittserklärung" in die Wege leiten wollte. Als Grund für die Adoptionsfreigabe nannte sie: „Mein Ehemann ist längere Zeit in Haft, Angelika ist außerehelich. Mein Mann bleibt nur bei mir, wenn das Baby aus dem Haus kommt." Jutta B. wird an den Rat des Bezirkes, Abteilung Volksbildung verwiesen.

„Frau B. ist hier seit Jahren bekannt", teilt der Sachgebietsleiter „Mutter und Kind" am 28. Februar 1962 der Kripo mit. „Die Kinder machten immer einen gesunden Eindruck, dann starben sie. Wir haben uns schon Gedanken darüber gemacht und die Rechtsmedizin befragt."

Aufgrund der gesammelten Informationen leitet die Kriminalpolizei am 16. März 1962 ein Ermittlungsverfahren gegen Jutta B. ein.

Wer ist die 22-Jährige, die verdächtigt wird, etwas mit dem Tod ihrer drei Kinder zu tun zu haben?

1940, als Jutta B. ein Jahr alt ist, stirbt die Mutter nach der Geburt der Schwester an Kindbettfieber. Bis 1957 wächst sie bei ihren Großeltern in Magdeburg auf. Und die lassen dem Mädchen alle Freiheiten, verziehen es. Eine Schlosserlehre bricht sie aus gesundheitlichen Gründen ab und lernt danach Verkäuferin.

1955 wird die 16-Jährige erstmals schwanger. Als sie im 5. Monat ist, lässt sie sich „das Kind wegmachen". Eine Frau spritzt ihr Seifenlauge ein.

Jutta B.s Großvater spricht später von deren „sexueller Triebhaftigkeit" nach dem Abschluss der 8. Klasse.

Er habe die Enkelin in ein Heim einweisen lassen wollen. Aber zwei Jahre später lernt diese Richard B. kennen. Sie heiraten. 1957 ist Jutta B. erneut schwanger. Doch auch dieses Kind will sie nicht. Der Abtreibungsversuch mittels Fahrradspeiche misslingt jedoch. Im Dezember wird Sohn Wolfgang geboren.

Jutta B. arbeitet zu dieser Zeit auf dem Bahnpostamt 7 in der Paketkontrolle, ist dann ohne festes Arbeitsverhältnis, danach acht Wochen in der Molkerei Magdeburg tätig.

1959 wird ihr Mann wegen Diebstahls zu zwei Jahren Zuchthaus verurteilt. Jutta B. kommt im Feierabendheim Weidenstraße als Küchenhilfe unter, später in der Lohnbuchhaltung der Post. Während dieser Zeit wird ihr Bett nicht kalt. Das Ergebnis: Die junge Frau wird wieder schwanger.

Ehemann Richard, der bei einem Besuch seiner Frau in der Haft sieht, wie es um sie bestellt ist, droht ihr: „Das Kind kommt mir nicht ins Haus." Am 15. November 1960 wird er amnestiert. Als er die Wohnung erreicht, ist die hochschwangere Jutta schon wieder mit einem Mann unterwegs – ins Kino.

Aus Wut darüber, dass seine Frau von einem anderen ein Kind erwartet, zerschlägt er die halbe Einrichtung, weil sie nicht, wie von ihm verlangt, abtreiben ließ. Am nächsten Morgen gegen 2 Uhr setzen bei Jutta B. die Wehen ein. Angelika wird geboren.

Ein paar Tage später einigt sich das Ehepaar im Krankenhaus, das Baby sechs Wochen zu Hause zu behalten. Dann soll es ins Kinderheim kommen. Jutta willigt ein, weil sie ihre Ehe retten will. Doch am 26. November 1960, zehn Tage nach der Geburt, stirbt die kleine Angelika.

Bei der Obduktion zwei Tage später in der Medizinischen Akademie Magdeburg wird Blutvergiftung nach Nabelentzündung festgestellt. Eine Nachfrage der Abteilung „Mutter und Kind" beim Rat der Stadt beantwortet der Chef des Pathologischen Instituts im Januar 1961 so, dass der „Fall noch einmal kritisch besehen" wurde, das Institut jedoch „zu keinem anderen Ergebnis" gekommen sei.

Obwohl das Kind tot ist, geht es mit der Beziehung weiter abwärts. Richard B. zieht zu einer Arbeitskollegin. Am 29. März 1962 wird die Ehe geschieden.

Richard B. glaubte nicht an einen natürlichen Todesfall. Im Zuge der späteren Ermittlungen wird bekannt, dass er nach dem Tod Angelikas geäußert hatte: „Wenn ich den Mund aufmache, geht meine Frau in den Kahn."

Als ihre Ehe geschieden wird, lebt die junge Frau bereits seit einiger Zeit mit Günter H., einem Eisengießer aus dem Magdeburger Messgerätewerk, zusammen. Seit Mai 1961 ist sie wieder schwanger. Tochter Petra wird am 22. Januar 1962 geboren. Sie stirbt 16 Tage später.

Das Ermittlungsverfahren zum Tod dieses Kindes läuft seit dem 16. März 1962 auf Hochtouren. Aussagen von Nachbarn füllen die Seiten der Akten. Rentnerin H., die direkt neben Jutta B. in der Gartenstraße 8a wohnt, sagt aus, dass die junge Frau ihr immer wieder etwas von Krankheiten des Babys erzählt hat. Aber das Kind habe einen „munteren Eindruck" gemacht. „Schon vor der Geburt hat Jutta davon gesprochen, dass das Kind wohl nicht durchkommen wird."

Am 25. April liegt das Obduktionsprotokoll zum Todesfall „Petra B." vor: „Blutungen an der Lunge, am Herzen und Thymus (hinter dem Brustbein liegendes lymphatisches Organ, B.K.)" – sogenannte „Erstickungsblutungen".

Doch Jutta B. weist weiter jeden Verdacht von sich, dass sie den Tod der Kinder nicht nur herbeigewünscht, sondern selbst dabei Hand angelegt hat.

Am Morgen des 13. Juni 1962 wird der 20-jährige Verlobte von Jutta B. als Zeugin verhört. „Ich möchte nochmals betonen, dass ich keinen Grund hatte anzunehmen, dass Frau B. irgendetwas unternommen hat, was zum Tode des Kindes beigetragen hat. Denn wir waren übereingekommen, das Kind in unserem Haushalt großzuziehen, und haben uns wirklich auf das Kind gefreut", so Günter H.

Am selben Tag sitzt auch Jutta B. wieder ab 8.30 Uhr auf dem Vernehmungsstuhl in der Polizeibehörde.

Um 16.15 Uhr wird die Befragung unterbrochen. „Jetzt überlegen Sie noch einmal eine halbe Stunde, ob Sie uns bisher die ganze Wahrheit gesagt haben", verabschiedet Kripo-Leutnant Pittelkau sein Gegenüber in die Pause.

Um 17 Uhr dann der Durchbruch. Jutta B. sitzt kaum wieder, da sprudelt es aus ihr heraus: „Ich bin jetzt bereit, die reine Wahrheit zu sagen. Wie es sich mit den Todesfällen meiner Kinder Angelika und Petra zugetragen hat."

Am 26. November 1960 habe sie im Laufe des Vormittags den Entschluss gefasst, Angelika zu ersticken. „Ich wollte Ruhe vor meinem Mann haben", sagt sie. „Ich

Der Totenschein der kleinen Petra: „Todesursache unbekannt"

habe das Kissen des Stubenwagens bis über den Kopf meiner Tochter gezogen." Jutta B. macht einen Besuch in Magdeburg-Alte Neustadt. Als sie gegen 17.15 Uhr zurückkommt, liegt Angelika leblos im Wagen.
Zum Tod der kleinen Petra gesteht sie: „Es gab nachts immer Streit mit meinem Verlobten, weil das Baby schrie. Ich wollte Günter nicht verlieren. Deshalb habe ich am 7. Februar 1962, als mein Verlobter auf Arbeit war, ein Kopfkissen aus meinem Bett genommen und vor die hochgeklappte Kinderwagenlaube gestellt."
Danach ging sie zum Friseur. Als Jutta B. nach einein-halb Stunden zurückkam, war das Kind blau angelau-

fen. Sie rief Günter H. im Messgerätewerk an und sagte ihm, dass Petra gestorben ist. Gemeinsam fuhren sie dann zur Poliklinik in der Richard-Wagner-Straße.

„Ich bin froh, dass ich heute bei der Vernehmung nach längerem Leugnen mich dazu durchgerungen habe, die Wahrheit zu sagen, um endlich meine Ruhe wiederzufinden", endet das mehrseitige Protokoll, das die 22-Jährige um 20.30 Uhr unterschreibt. „Ich hoffe, dass H., auch wenn er erfährt, was ich getan habe, zu mir hält."

Am 14. Juni 1962 erlässt das Kreisgericht Magdeburg-Mitte Haftbefehl wegen Mordverdachts.

Zwei Tage später erfährt die Mordkommission von einer Frau, die wie Jutta B. in Untersuchungshaft im Magdeburger Gefängnis sitzt, dass die mutmaßliche Kindesmörderin doch nicht alles zugegeben hat. Sie soll gesagt haben: „Das erste Kind (Michael, B.K.) habe ich nicht zugegeben." Und auch die Äußerung: „Ich werde wohl fünf Jahre kriegen. Danach kann ich noch mal richtig leben", wird den Ermittlern zugetragen.

Am 26. Juni 1962 wird Jutta B. deshalb erneut vernommen. Sie gibt nun auch die Tötung des kleinen Michael zu. „Ich wollte die Schwangerschaft abbrechen", sagt sie. „Aber das hat nicht geklappt." Weiter erklärte sie: „Ich habe ihm am 21. August 1959 abends das Deckbett ganz über den Kopf gezogen und bin schlafen gegangen." Als Jutta B. wieder aufwachte, war ihr Kind tot.

Der Prozess wegen dreifachen Mordes beginnt am 19. November 1962 vor dem II. Strafsenat des Magdeburger Bezirksgerichts. Am dritten Verhandlungstag, dem 22. November, verkündet der Vorsitzende Richter Tyszkiewicz das Urteil: „Wegen Totschlags in zwei Fällen und Mordes in einem Fall erkennt das Gericht auf eine lebenslängliche Zuchthausstrafe."

In seiner Begründung spricht der Richter von „kaum noch zu überbietender Gefühlskälte". Allerdings seien „bei der Tötung der Kinder Michael und Angelika niedrige Beweggründe oder andere nach Paragraf 211 StGB aufgeführte Merkmale, welche eine solche Tat als Mord qualifizieren, nicht nachgewiesen" worden.

Das Gericht geht in beiden Fällen von einer seelischen Notlage der Frau aus. Anders bei der kleinen Petra. Da habe keine Notlage vorgelegen. Es sei der Angeklagten vielmehr darum gegangen, sich von einer Belastung zu befreien.

„Auf eine Todesstrafe wegen Mordes war im vorliegenden Fall trotz der hohen Gesellschaftsgefährlichkeit der Tat nicht zu erkennen."

Der 2. Strafsenat des Obersten DDR-Gerichts lehnt am 22. Januar 1963 die Berufung als unbegründet ab. Doch zehn Monate später wird der Fall trotzdem noch einmal verhandelt.

Grund ist ein Brief von Jutta B. an die Staatsanwaltschaft. Sie schreibt, dass sie ihre Tochter Petra nicht getötet habe, weil sie ein angenehmes Leben mit ihrem Verlobten Günter H. führen wollte. Vielmehr habe sie H. zu der Tat getrieben. Seine Aussage, dass er sich auf das Kind gefreut habe, sei eine Lüge.

Am 15. November 1963 stimmt das Bezirksgericht dem „Wiederaufnahmeverfahren zu Gunsten der Beschuldigten" zu.

Der neue Prozess beginnt am 5. Februar 1964 vor dem I. Strafsenat. Diesmal sitzt das Paar gemeinsam auf der Anklagebank. Jutta B. wegen der Kindestötungen, Günter H. wegen des Vorwurfs: Anstiftung zum Mord und uneidliche Falschaussage.

Die Urteile fallen am 27. Februar 1963. Jutta B. wird wegen Totschlags in zwei Fällen zu 15 Jahren Zuchthaus verurteilt; das Mordurteil wird aufgehoben. H. muss wegen seiner Falschaussage für zwei Jahre hinter Gitter.

Günter H. wird anlässlich des 15. Jahrestags der DDR amnestiert und am 24. November 1964 aus dem Gefängnis Bützow entlassen. „Ich werde mich des Amnestie-Erlasses des Staatsrates der DDR ... durch pflichtbewusstes Verhalten würdig erweisen und versichere, stets die Gesetze der DDR einzuhalten", unterschreibt er.

Jutta B. sitzt zuletzt in der Frauenhaftanstalt Hoheneck. Auf Antrag des Gefängnisleiters setzt der III. Strafsenat des Bezirksgerichts die verbleibenden drei Haftjahre mit der Auflage, sich vier Jahre zu bewähren, aus. Am 30. Mai 1974 wird Jutta B. entlassen. Sie ist unheilbar krebskrank.

Der Tod des Eisenbahners

Es ist am Abend des 1. Juni 1962, als sich zwei aufgeregte Jugendliche an der Wache des Volkspolizeikreisamtes in Magdeburg melden. Der 17-jährige Gerhard Perle* und der ein Jahr jüngere Wolfgang Werth* wollen „jemanden von der Kripo sprechen". Sie hätten „eine dringende Aussage" zu machen, sagen sie. Die beiden werden ins Zimmer des Diensthabenden gebracht.
Zuerst versteht VP-Unterleutnant Neubauer kaum ein Wort von dem, was die beiden durcheinandererzählen. Erst, als er sie unterbricht: „Einer nach dem anderen", kann sich der Polizist ein Bild davon machen, was sich in der Nacht zuvor in einer Wohnung in Magdeburg-Buckau zugetragen hat.
„Wir haben vor ein paar Tagen einen Peter Flosse* kennengelernt", berichtet Perle. „Er wollte uns in einer Gaststätte billige Zigaretten verkaufen." Während des Kneipengesprächs, bei dem viel getrunken worden sei, habe der neue, kaum ältere Bekannte später gesagt: „Ich brauche einen, der beim Einbruch Schmiere steht." Doch darauf seien er und sein Freund Wolfgang nicht eingegangen.
Am Himmelfahrtstag, dem 31. Mai, hätten sie dann wieder im „Buckauer Hof" zusammengesessen und getrunken. „Flosse war dabei und ein Eisenbahner", sagt Perle. „Um neune sind wir zum Eisenbahner in die Wohnung und haben weitergemacht." Nach 22 Uhr habe es Streit gegeben. Da sei aber Wolfgang Werth schon weg gewesen, weil er um diese Zeit zu Hause sein sollte. Perle er-

zählt weiter: „Der Bahner wollte mich schlagen. Flosse ging dazwischen: ‚Ich brauche den Jungen noch.'"
Dann sei es zur Prügelei zwischen Flosse und dem Wohnungsinhaber gekommen. „Flosse hat den Eisenbahner zwei Bierflaschen auf den Kopf zerschlagen. Und als der sich nicht mehr muckste, alle Schränke durchwühlt." Bettwäsche, Bestecke und einen Fotoapparat habe er in einen Koffer und ein Netz gepackt. „Ich wollte abhauen", sagt Perle, „aber Flosse hatte alles abgeschlossen. Da konnte ich nicht raus. Ich habe Flosse dann geholfen, den Kram aus der Wohnung zu schaffen." Der Kumpan habe nach dem Verlassen der Wohnung die Tür abgeschlossen.
„Am nächsten Morgen bin ich wieder zum Eisenbahner hin. Da war alles zu. Die Fenster waren verdunkelt."
Der VPKA-Diensthabende ruft eine Funkstreife. Die Besatzung von M 61 fährt mit dem 16 Jahre alten Werth zur Gnadauer Straße 1 – einem Altbau im Herzen des Arbeiterviertels. Eine Viertelstunde später geht bei der Dienststelle die Meldung ein: „Männliche Person tot in der Wohnung aufgefunden."

Es ist kurz vor 22 Uhr, als Bezirks-Kripo-Chef Wendorf der Morduntersuchungskommission (MUK) den Einsatzbefehl gibt. Spezialisten werden zur Tatortuntersuchung beordert, der Kreisfahndungsbeauftragte alarmiert, die genauen Personalien des Tatverdächtigen müssen ermitteln werden, „Gaststätten, Schlupfwinkel und Quartiere von HWG-Personen (häufig wechselnde Geschlechtspartner, B.K.) sind zu durchsuchen".
Gegen 23 Uhr treffen der Chef der Morduntersuchungs-

kommission sowie Leutnant Kühnhardt und Leutnant Thiele am Tatort ein. Der Arzt von der Allgemeinen Poliklinik hat gerade seine Arbeit beendet. „Tot", bemerkt Dr. Krüger lakonisch. „Der Kopf ist zerschmettert. Nähere Angaben zur Todesursache kann ich noch nicht machen."

Die Dreizimmerwohnung befindet sich in einem einzeln stehenden Altbau, Parterre links. An der Wohnungstür ein Schildchen mit dem Namen „Schulz"*. Vom kleinen Korridor führt die linke Tür ins 18 Quadratmeter große Wohnzimmer, wahrscheinlich der Tatort. „Hier sieht's ja aus wie Kraut und Rüben", entfährt es dem Chefermittler. Die Schranktüren stehen offen, alles ist durchwühlt, der Boden des Zimmers mit Papieren, Unterwäsche, Baby- und Wollsachen, Nähzeug, Zeitschriften, Porzellan- und Glaswaren übersät. Ungewöhnlich ist, dass der Raum an einigen Stellen regelrecht „schwimmt". „Große Wasserlachen", notiert der Protokollant.

Die Rollos sind heruntergezogen. Links stehen Sofa und Büfett, rechts eine Kredenz, daneben in der Ecke ein umgekippter Nachtschrank. An der rechten Wand befindet sich eine Nähmaschine, daneben die Tür zum Schlafzimmer.

Auf einem Tisch, Mitten im Zimmer, sieben leere Bierflaschen, vier Likörschalen und eine leere Packung „Orient"-Zigaretten. Die Kriminalisten finden einen kleinen braunen Koffer, darin sind Eisenbahnerregenmantel und Eisenbahnermütze.

Der Leiter der Morduntersuchungskommission macht seine Kollegen auf zwei Bierflaschen neben dem Tisch aufmerksam. Eine ist in der Mitte zerbrochen, von der

anderen ist der Boden abgesplittert. Möglicherweise die Tatwaffen.
Der Tote liegt zwischen dem Tisch und dem Durchbruch zum Schlafzimmer. Der Raum ist ebenfalls schmuddelig und durchwühlt. Der Kopf des Eisenbahners liegt in einer 40 Zentimeter großen Blutlache. „Bauchlage, klein gemusterter dunkelgrauer Anzug, blaues Oberhemd, dunkelblau gemusterte Krawatte, braune Halbschuhe. Linke Kopfseite des dunkelblonden Mannes blutverschmiert. Platzwunden an Stirn und linker Kopfseite, Nase zertrümmert, Unterkiefer gebrochen, Abwehrverletzungen an den Händen", halten die Ermittler schriftlich fest.
Die Tatzeit kann die MUK auf die Minute feststellen. Zwei Uhren, die sie auf dem Stubenboden finden, sind zur selben Zeit stehen geblieben. Der Wecker auf 10.30 Uhr, die Wohnzimmeruhr zeigt 22.30 Uhr.
Als die Bezirks-Mordermittler noch bei der Tatortarbeit sind, klappern Leutnant Pittelkau und Unterleutnant Rogge die Buckauer Kneipen ab. Im „Buckauer Hof" finden sie einen Zeugen, der Flosse kennt. Auch ihm hatte der junge Mann billige Zigaretten angeboten. Doch weil ihm das „nicht koscher" vorgekommen sei, habe er seinen Bruder geholt. „Als ich wiedergekommen bin, war der Zigarettenverkäufer weg."
Unweit der Kneipe befindet sich ein Posten der Magdeburger Verkehrsbetriebe. Der Wächter hat gegen 22 Uhr einen Jugendlichen in schwarzem Rollkragenpulli aus dem Lokal kommen gesehen. Die Beschreibung passt auf Flosse. „Er ist Richtung Sülzebrücke gemacht", sagt der Wächter.

Die Kriminalisten überprüfen weitere Gaststätten, in denen der Gesuchte verkehrt. Doch weder im „Stadt-Café" noch in der „Mitropa" im Hauptbahnhof haben sie Erfolg. Gegen 0.45 Uhr klingeln die Kriminalpolizisten bei der Mutter des Tatverdächtigen im Rembrandt-Weg in Nord-West. Doch niemand öffnet. Von Nachbarn erfahren sie, dass die Frau als Schaffnerin bei der Straßenbahn

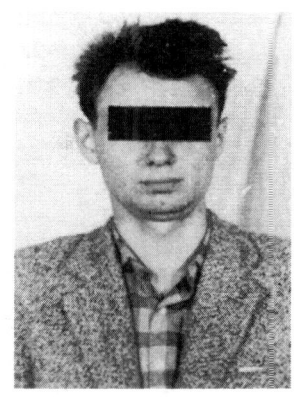

Der Mörder des Eisenbahners, er wuchs im Kinderheim auf, schaffte nur die 7. Klasse

arbeitet. Beim Depot in Stadtfeld wird den Ermittlern mitgeteilt, dass Frau Flosse seit Wochen krank ist.
Noch in der Nacht werden weitere Zeugen vernommen. So auch Paul Ketzer, ein Bekannter Flosses. „Ich habe ihn am 25. Mai das letzte Mal gesehen", sagt dieser aus. „Mittags kam er in meine Wohnung und hat erzählt, dass sie ihn aus dem Betrieb geschmissen haben. Er wollte bei mir unterkommen. Weil er ein Herumtreiber ist, habe ich nein gesagt."
Um 4.25 Uhr stehen die Kriminalisten Pittelkau, Buchholz und Peters erneut vor der Tür im Rembrandt-Weg. Diesmal haben sie Glück. Die Mutter macht auf. Sie hatte den Sohn ein paar Stunden zuvor bei einer Bekannten getroffen. Gegen 1 Uhr waren Mutter und Sohn dann nach Hause gegangen.

Peter Flosse wird im Bett festgenommen. Bei der Hausdurchsuchung finden die Polizisten einen Koffer und eine Aktentasche mit Diebesgut.

Die Kripo leitet ein Ermittlungsverfahren gegen den 18 Jahre alten, beschäftigungslosen Flosse und den 17-jährigen Beifahrer Perle ein.

Wolfgang Werth macht eine Aussage. Der 16-jährige Betriebsschlosser aus dem RAW unterschreibt, dass ihm Perle, den er seit zehn Jahren kennt, vor einigen Tagen unter dem Siegel der Verschwiegenheit erzählt hat, dass er im Auftrag von Flosse gestohlene Zigaretten verkauft. Da er neugierig war, sei er mit dem Fahrrad zum Buckauer Elbufer gefahren. „Dort habe ich 200 Meter neben der Gaststätte ‚Buckauer Fähre' hinter einem Holunderbusch am Bretterzaun des Dimitroff-Werks stangenweise ‚Dubec' und ‚Jubilar' gefunden. Flosse hat mir später erzählt, dass er in Berlin ‚Brüche' gemacht hat." „Am Tag schlafe ich, nachts arbeite ich", soll sich Flosse gebrüstet haben.

Außerdem seien das alles nur kleine Fische, habe der Einbrecher geradezu bedauert. „Er wollte das ganz große Ding drehen", so Werth. „Es sollte sich lohnen. Zum Beispiel ein Einbruch im Warenhaus", habe Flosse getönt.

Das Bild von Flosse und Co. wird für die Ermittler klarer. Am 30. Mai waren die Kumpane im Buckauer Kino „Palast-Theater". Dort sahen sie sich den Film „Das Mädchen Rosemarie", einen Streifen über den Mord an der Frankfurter Edelprostituierten Nitribitt an. Abends saßen sie in der „Buckauer Fähre" zusammen.

Am Donnerstag, Christi Himmelfahrt, waren Wolfgang Werth und Gerhard Perle um 19 Uhr in der Gaststätte

„Cleve", dann bis 21.30 Uhr wieder im „Buckauer Hof".
Bei „Schöbels" in der Westendstraße kauften sie dann
noch eine Flasche Klaren und zehn Bier. Die nahmen
sie mit in die Gnadauer Straße.
„Am 1. Juni sollte ich wieder dort sein, hatte ich mit
Flosse verabredet. Doch als ich am nächsten Morgen
klingelte, war keiner da", sagt Werth weiter aus.
Im Zuge der Mordermittlungen stellt sich heraus, dass
die Zigaretten bei bis dato ungeklärten Einbrüchen in
Magdeburg gestohlen worden waren. Die Kripo kann
Flosse im Abschlussbericht Diebstähle in der „Marienschänke" (16.5.), „Zur Insel" (19.5.), im Zigarrenladen Raiffeisenstraße und dem Sudenburger „Haus der Bekleidung" (beide 22.5.) und im Kiosk „Seeterrassen" (25.5.) nachweisen. Außerdem kommen auf das Konto des Täters Einbrüche im Betrieb 60 des „Ernst-Thälmann-Werks" (14.4.), im Kino „Palast-Theater" (26.5.) und in einem Verkaufszelt am Barleber See (Mai).
Kriminaltechniker untersuchen die Bekleidung Flosses. An einem Strumpf und den Hosenbeinen finden sie linsengroße Flecken. Blut, vermuten die Ermittler zu Recht, wie sich herausstellt. Die Analyse ergibt, dass der Tote Blutgruppe A2 (B) DRh (+) hat, Flosse 0 DRh (+). Die Flecken an Hose, Strumpf und am rechten Schuh von Flosse stammen vom Opfer.
Das rechtsmedizinische Gutachten der Medizinischen Akademie spricht von „Tod durch Hirnlähmung durch langsam zunehmenden Hirndruck infolge eines Blutergusses zwischen Schädeldach und harter Hirnhaut". Der Knochen sei an mehreren Stellen durch stumpfe Gewalt gebrochen, Schädelgefäße seien zerrissen.

Selbst bei unmittelbarer medizinischer Hilfe hätte das Opfer nicht überlebt.

Am 2. Juni um 5.30 Uhr beginnt die erste Vernehmung Flosses. Und die Kriminalisten haben mit dem 18-Jährigen nicht viel Mühe. Zuerst spricht der Mordverdächtige über seine Entwicklung: „Ich bin unehelich. Meinen Vater habe ich nicht kennengelernt. Später sind wir von Dresden nach Magdeburg gezogen. Mit zwölf Jahren bin ich ins Kinderheim Dippoldiswalde nach Sachsen gekommen, wegen Erziehungsschwierigkeiten und Schulbummelei."
Im April 1958 kam er mit dem Abschluss der 7. Klasse aus der Schule und in einen Jugendwerkhof im Erzgebirge. 1960 war er wieder in Magdeburg und lernte im „Ernst-Thälmann-Werk" Dreher. Weil er einen Elektrokarren kurzschloss und beim Herumkurven auf dem Betriebsgelände einiges zu Bruch ging, wurde er am 3. Mai 1962 fristlos entlassen – ohne Abschluss. Seitdem trieb er sich herum, schlief im Freien.
Dann sagt Flosse zum Tatgeschehen aus. Das spätere Opfer, den Eisenbahner Karl-Heinz Schulz, habe er am 25. Mai 1962 im „Buckauer Hof" kennengelernt. „Da ich seit meinem Rauswurf aus dem Betrieb nicht mehr bei meiner Mutter gewohnt habe, bin ich bei Schulz in der Gnadauer untergekrochen." Der Eisenbahner habe von seinen Diebestouren gewusst und ihn noch kurz vor dem Mord beauftragt, beim nächsten Mal ein Tonbandgerät und ein Radio „mitzubringen".
Zur selben Zeit, da der 18-Jährige verhört wird, sitzt sein ein Jahr jüngerer Kumpan Gerhard Perle im Ne-

benzimmer ebenfalls bei einer Vernehmung als Beschuldigter. „Flosse wollte noch in der Nacht wieder einbrechen gehen", erzählt er.

Konkreter als bei seiner Aussage beim VPKA-Diensthabenden zuvor berichtet er: „Zum Streit in der Schulz-Wohnung ist es gekommen, weil ich beim Saufen Wodka auf den Fußboden gekippt habe und mir der Bahner deshalb an den Kragen wollte." Flosse habe Schulz daraufhin mit Fäusten niedergeschlagen. „So, der hat erst mal genug", habe er auf den am Boden liegenden 31-Jährigen gedeutet. „Kurz darauf hat Flosse zu mir gesagt: ‚Gib mir mal die beiden Bierflaschen, die unterm Sofa stehen.' Er hat sie aufgemacht, ausgegossen und sie dem Eisenbahner auf den Kopf gehauen. Der hat nur noch gestöhnt."

Flosse habe den Rest Wodka über das Opfer geschüttet und dann dessen Taschen umgekrempelt und die Schrankfächer durchsucht. „Aus einem Mantel im Schlafzimmer nahm er sieben Mark und den Ausweis. Er packte Wäsche, einen Fotoapparat und Zigaretten in einen Koffer." Den Wintermantel zog er an.

„Bestecke habe ich schon vormittags in einen Einkaufsbeutel gelegt und in einem Wäschekorb versteckt", gibt Flosse im Nachbarzimmer zu. „Am nächsten Morgen wollten wir alles bei ‚Eckstein' verkloppen."

Flosses Aussage klärt auch die Wasserpfützen in der Stube auf. Er hatte mehrere Eimer Wasser über den Toten gegossen „Ich wollte Spuren vernichten", gesteht der 18-Jährige. „Ich habe gedacht, dass ich mehr Bargeld finde. Danach wollte ich untertauchen, irgendwo bei Dresden. Da kenne ich mich aus."

Bei Flosses zweiten Vernehmung am 13. Juni kommen auch die Einbrüche zur Sprache. Ins „Palast-Theater" war er am 14. April durch ein Fenster im Herrenklo eingestiegen. Er hatte nach Geld gesucht, in einem Fach im Kartenverkaufsraum jedoch nur einen Schlüssel und einen Blechbehälter gefunden. Darin eine Marke der Deutschen Notenbank mit der Nummer 21305 für den Nachttresor. Durch den Notausgang verließ er das Kino wieder.
„Am 22. Mai habe ich in Buckau mit einem Stein die kleine Seitenscheibe eines Zigarrenladens eingeschlagen und zwölf Zigarren genommen." Dann sei er nach Sudenburg weitergegangen. Dort habe er im „Haus der Bekleidung" beim „Tivoli" die Schaufensterscheibe eingeworfen und drei Anzüge herausgenommen. „Ich habe sie anprobiert. Sie waren zu groß."
„In der Nacht vom 23. zum 24. Mai habe ich mich mit zwei Freunden getroffen. Peter ist zwölf, sein Bruder Erwin etwas älter. Wir sind um 23 Uhr vom „Buckauer Hof" mit der Taxe in den Kulturpark gefahren. Am Kiosk beim Adolf-Mittag-See haben wir die Scheibe eingeschlagen und Zigaretten geklaut."
Nach zwei Prozesstagen wird Flosse am 17. September 1962 vom 2. Senat des Bezirksgerichts wegen Mordes zu lebenslanger Haft verurteilt. Sein Anwalt geht in Berufung. Weil das Mordmerkmal „Grausamkeit" fehle, sei die Tat nur als Totschlag zu bewerten. Das Oberste Gericht der DDR lehnt die Berufung am 9. November als unbegründet ab.
Flosse wird nach einem Gnadenakt des Staatsratsvorsitzenden der DDR am 15. Februar 1978 aus dem Gefängnis Brandenburg entlassen.

Der Mörder vom Rotehornpark

Brigitte S. arbeitet im Magdeburger Schwermaschinenwerk „Ernst Thälmann". Nebenbei verdient sie sich ein paar Mark als Außendienstmitarbeiterin der Staatlichen Versicherung dazu. Am 22. Januar 1971 ist sie seit 18 Uhr unterwegs, um in Magdeburg-Rothensee Versicherungsbeiträge zu kassieren.
Ihre Kunden in der Rothenseer Straße 46 bis 57 hat sie bereits besucht. Viele kennt sie schon lange. Gern wird die adrette junge Frau zu einem Schwatz in der guten Stube eingeladen – auch an diesem Rosenmontag.
Die Uhr zeigt 20 Uhr, als sich die 22-Jährige auf den Heimweg macht. Ihre Basttasche mit der braunen Brieftasche hat sie über der Schulter hängen. In der Geldbörse sind knapp 1.000 Mark Versicherungsgelder.
Brigitte S. geht den Brückenberg in Richtung Havelstraße hinunter. Trotz der großen Summe und obwohl die Gegend nicht besonders gut beleuchtet ist, hat sie keine Furcht. „Was soll mir schon passieren", denkt Brigitte S., als sie plötzlich Schritte hinter sich hört. Die Magdeburgerin geht ein wenig schneller und blickt über ihre rechte Schulter. Sie sieht einen Mann in dunkelbrauner Jacke, der sie verfolgt.
Als er direkt hinter ihr ist, schlägt ihr der Mittelblonde mit solcher Wucht gegen die Wange, dass sie beinahe stürzt. Die 22-Jährige ruft um Hilfe, wird jedoch im selben Moment niedergeschlagen. Auf dem Boden kommt es zu einem erbitterten Kampf zwischen Opfer und Täter.

Brigitte S. kann den Mann mit den schulterlangen Haaren wegstoßen, rappelt sich auf und versucht wegzulaufen. Doch nach wenigen Metern reißt sie der Täter erneut nieder, greift ihr unter den Pelzmantel und zerrt Strumpfhose und Slip herunter. Der Mann, dessen Atem nach Bier riecht, versucht sie zu vergewaltigen. Dabei drückt er ihr Straßenschmutz in den Mund, damit sie nicht schreien kann.

„Mir blieb die Luft weg", gibt die junge Frau später zu Protokoll, „und ich versuchte, den Mann in die Hand zu beißen."

„Sei ruhig", keucht der Täter. Doch dann besinnt er sich anders, springt auf, entreißt der Frau die Tasche und läuft den Brückenberg hinunter.

Brigitte S. erhebt sich. Nase und Augapfel sind geprellt und schmerzen. Sie findet ihre Basttasche wenige Meter vom Tatort entfernt. Das Portemonnaie ist leer. Die Verletzte taumelt auf ein Auto zu, der Fahrer hilft ihr.

Wenige Minuten später geht beim diensthabenden Offizier des Volkspolizeikreisamts Magdeburg die Meldung ein: „Überfall auf eine Frau in Rothensee". Die Funkwagenbesatzung von „Martha 45" sichert den Tatort. Kurz darauf sind Kripo und Kriminaltechniker an Ort und Stelle.

Die Ermittler finden einen Fußabdruck. Er wird mit Gips ausgegossen. Ein Fährtenhund nimmt Witterung auf und führt die Polizisten vom Brückenbergweg bis zum August-Bebel-Damm, dort bis zur Straßenbahnhaltestelle.

Brigitte S. ist die einzige Zeugin. Sie beschreibt den Täter als 19- bis 21-Jährigen, etwa 1,70 Meter groß, breite

Nase. Er habe „Magdeburger Deutsch" gesprochen, erinnert sich die junge Frau.

Die Kripo grast in den nächsten Tagen die Umgebung ab, befragt Zeugen, die zur Tatzeit an der Straßenbahnhaltestelle standen, und Anwohner. Die Aktenordner füllen sich, aber es kristallisiert sich keine heiße Spur heraus.

Am 13. Mai 1971 – vier Monate nach dem Überfall auf Brigitte S. – schreibt Kripo-Oberleutnant Wolfgang Kressin in seinen Bericht: „Da weitere Ermittlungen zurzeit keinen Erfolg versprechen, wird das Verfahren vorläufig eingestellt."

Der Überfall auf Brigitte S. war kein Einzelfall. In den letzten Jahren wurden mehrere Frauen im Magdeburger Gebiet Rothensee Opfer von Gewalt. Doch aufgeklärt werden konnten die Straftaten nicht.

Lange verschwindet der Vorgang jedoch nicht im Aktenschrank. Bereits nach einem Monat holen die Kriminalisten die Ermittlungsakten wieder hervor. Grund dafür ist der Hinweis des Kripo-Chefs vom VPKA Wolmirstedt an seine Magdeburger Kollegen.

Am 15. Juni 1971 sei ein Olvenstedter ins Volkspolizeiamt der Kreisstadt gekommen, teilt er mit. Seit September 1970 war der Mann mehrfach „zur Klärung eines Sachverhalts" vorgeladen worden, erschien jedoch zu keinem Termin.

„Bei dem Betreffenden handelt es sich um Peter S., geboren am 4.12.40. S. hat seinen Nebenwohnsitz in der Verwaltungsbaracke des VEB Baustoffversorgung in der Saalestraße Magdeburg-Rothensee. S. ist wegen Raubes vorbestraft."

Bernhard Maring, damals Leiter des Bereichs Sexual- und Gewaltstraftaten im Magdeburger Volkspolizeikreisamt, erinnert sich noch Jahrzehnte später an den Fall. „Die Nachricht aus Wolmirstedt war recht lapidar", sagt der Erste Kriminalhauptkommissar a.D. „Peter S. sollte seine Tante beraubt haben. Weil ich zu einem Studium an die Polizeischule Aschersleben ging, übertrug ich den Auftrag, den Hinweis zu überprüfen, an meinen Stellvertreter."

Als der Kriminalist zum VPKA zurückkommt, liegt der Fall immer noch im Aktenstapel. „Als ich mich darüber informiert hatte, welche aktuellen Straftaten vorliegen, kam ich auf die Verbrechen in Rothensee." Ein erster Verdacht keimt auf, als der Kriminalist Tatumstände und Täterbeschreibung in den Händen hält.

Maring lädt Peter S. vor. „Bei unserem ersten Zusammentreffen fragte ich ihn, ob er sich vorstellen kann, warum er da sitzt. ‚Ich hab öfter mal Broiler im Kühlhaus Magdeburg geklaut', hat mir S. gebeichtet." Doch damit gibt sich der Kriminalist nicht zufrieden.

Vernehmer Maring baut einen „guten Draht" zu seinem Gegenüber auf. Und nach einiger Zeit ist Peter S. bereit, über „Dummheiten" zu sprechen, die er in seinem Wohngebiet Rothensee gemacht hat.

„Was er nun gestand, zog mir die Schuhe aus", so der Kriminalist im Ruhestand. „Es klang alles so unglaubwürdig, dass ich mich entschloss, Rothenseer Opfer ins VPKA zu laden, um den Mann zu identifizieren. Sie erkannten S. zweifelsfrei als den Täter wieder."

Bei der Analyse der Raub- und Sexualtaten in Rothensee erinnerte er sich an die ungeklärten Morde im Kulturpark. „Haben Sie auch öfter mal im Rotehornpark Dummheiten gemacht?", fragt Maring deshalb beim nächsten Verhör.

„Ich traute meinen Ohren nicht", gibt Maring seinen Eindruck wieder. „Über die Aussagen informierte ich den Magdeburger Kripo-Chef, Major Böhmer. Er gab mir den Auftrag, ein genaues Protokoll zum Verlauf des Verhörs aufzusetzen und der Bezirksmorduntersuchungskommission zuzuarbeiten."

Maring glaubt heute, dass sein Protokoll von der Bezirksmordkommission, an die der Fall abgegeben wurde, nicht genügend beachtet wurde, weil es Befindlichkeiten zwischen dem Polizeikreisamt und der Bezirksbehörde gab.

Die Mordermittler des Bezirks sind sich sicher, dass sie den Mann auf dem Vernehmungsstuhl haben, der Brigitte S. überfiel. Und er bleibt auch dabei, in Magdeburg weitere Frauen überfallen und beraubt zu haben. „Wo das war, weeß ich nich mehr", sagt Peter S. Aber auch, dass er sich wieder dort hinfinden würde. Das Kreisgericht Süd erlässt gegen den 30-Jährigen am 16. Juni 1971 Haftbefehl.

Die Verhöre gestalten sich äußerst schwierig, beschreibt ein Vernehmer am 14. Juli 1971 die Situation. S. ergehe sich in Nebensächlichkeiten, sei schnell erschöpft und ermüdet. Die Straftaten, die er einräumt, schildere er von Mal zu Mal anders.

Trotzdem gelingt es den Kriminalisten, vorerst fünf weitere Fälle in Magdeburg aufzuklären.

So gibt der Beschuldigte zu, am 8. April 1970 gegen 23.45 Uhr in der Wielandstraße Helga E. überfallen zu

haben. Er entriss der 35-Jährigen die Handtasche mit 55 Mark.
Am 15. April 1970 wurde gegen 21 Uhr in der Albert-Vater-Straße Erna O. sein Opfer. In der Handtasche der 53-Jährigen befanden sich 25 Mark.
Sigrid B. (35) versuchte er am 10. Dezember 1970 gegen 23.30 Uhr auf der Rothenseer Buschfeldstraße zu vergewaltigen.
Helga H. (17) nötigte er am 19. Dezember 1969 gegen 1 Uhr in der Jakobstraße zu sexuellen Handlungen.
Waltraud W. (42) versucht er, am 11. Januar 1971 auf dem sogenannten Portola-Weg (nach der gleichnamigen Schokoladenfabrik) in Rothensee zu vergewaltigen.
Sein letztes Opfer war Brigitte S. am 22. Januar 1971.
Peter S. ist kein Unbekannter für die Polizei. Bereits 1970 war der Heizer vom VEB Baustoffversorgung wegen Raubes verurteilt worden. Das psychiatrische Gutachten hatte auf verminderte Schuldfähigkeit erkannt. Ihm wurde ein Jahr Haft angedroht, wenn er sich während zwei Jahren nicht bewähren sollte.
Der Untersuchungshäftling bezeichnet sich bei den Vernehmungen selbst als „blödsinnig". Erhebliche Debilität nennt es der Psychiater. Peter S. verrät den Kriminalisten, dass er immer, wenn er etwas getrunken hat, stark sexuell erregt ist. Deshalb habe er sich nachts oft in Rothensee aufgehalten. „Da war doch Portola. Da kamen immer Frauen von Schicht."
Peter S. war bereits als Sechsjähriger in psychiatrischer Behandlung. „Ich musste bei meinem Stiefvater als Kind immer halb volle Schnapsgläser austrinken. Da-

rum bin ich wohl doof geworden", kichert der geständige Räuber bei einem Verhör. „Die anderen Kinder haben immer gesagt: ‚Der hat einen Tick unterm Pony'", fügt der Mann an, der es in acht Schuljahren lediglich bis zur 4. Klasse geschafft hat. Die Verhöre werden immer wieder „von unmotiviertem Lachen" des Beschuldigten und seiner Frage: „Wie viel werd' ich denn kriegen?", unterbrochen, verrät das Protokoll.

Auch das nervenfachliche Gutachten im Zusammenhang mit der Wolmirstedter Straftat von 1970 bezeichnet ihn als „schwachsinnigen Menschen". Der Leiter für Arbeitsökonomie der Baustoffversorgung charakterisiert den Heizer beim Prozess vor dem Kreisgericht Wolmirstedt: „Wenn man ihn unter Kontrolle hält, arbeitet er willig und ordentlich. Aber er kann nicht mit Geld umgehen. Nachdem er an einem Wochenende 700, 800 Mark ausgegeben hatte, wurde ihm von einem Kollegen Geld zugeteilt. Zehn Mark am Tag."

Im Zimmer 38 der Wohnbaracke finden die Kriminalisten bei Peter S. im Spind eine braune Velvetonjacke, die er beim Überfall auf Brigitte S. trug. Hinzu kommt, dass Brigitte S. und Waltraud W. den Täter bei der Gegenüberstellung zweifelsfrei wiedererkennen.

„Kein richtiges Mädchen, zu wenig Geld", unternimmt Peter S. einen Erklärungsversuch für seine Überfälle auf Frauen.

Die Ermittlungen zu den sechs Fällen in Magdeburg stehen kurz vor dem Abschluss, da gleicht der Bericht des Kripo-Hauptmanns Helmut Bleil von der Polizeibezirksbehörde einem Stich ins Wespennest. Ihm ist aufgefallen, dass sich die Vorgehensweisen bei den

Überfällen in Magdeburg mit denen bei zwei ungeklärten Morden von 1963 und 1966 im Rotehornpark ähneln. Der Bericht landet beim Leiter der MUK auf dem Tisch.

Am 13. August 1971 werden die Mordakten wieder aus dem Archiv geholt.

*

17. Juli 1963, nach 13.30 Uhr. Bruno F. schiebt seine behinderte Tochter im Rollstuhl durch den Rotehornpark. Die beiden haben ihre feste Runde auf der Elbinsel. Sie führt unweit der Buckauer Fähre an der leicht abschüssigen Elbwiese vorbei. Dort sieht der 69-Jährige am Mittag zwei Frauen schlafen.

Als die beiden knapp fünf Stunden später wieder an der Stelle vorbeikommen, sagt Bruno F. zu seiner Tochter: „Die schlafen ja immer noch. Ich glaube, ich muss sie wecken, damit sie nicht den Feierabend verschlafen."

Er geht auf die Liegenden zu. Als der Rentner einen Meter von den Frauen entfernt ist, sieht er, dass die weiße Wolljacke unter dem Kopf der Älteren blutig ist und die jüngere Frau aus dem Ohr blutet. Als sich die Jüngere versucht aufzurichten, spricht er sie an: „Die andere ist ja tot." Doch die Verletzte zeigt keine Reaktion.

Bruno F. läuft zur Stadthalle. Von dort aus alarmiert die Geschäftsführerin der HO-Gaststätte „Kulturpark" die Polizei.

Gegen 19 Uhr ist die Kripo am Tatort, etwa 400 Meter von der Hubbrücke entfernt. Ingrid R., die schwer ver-

Anna E. wird am 17. Juli 1963 auf der Elbwiese des Rotehornparks erschlagen

letzte 19-Jährige, wird in die Chirurgie der Medizinischen Akademie gebracht.
Die Ermittler untersuchen das zweite Opfer. Der Personalausweis in ihrer Jacke ist blutverschmiert, aber leserlich. Die Tote ist Anna E. (51) aus Magdeburg.
Die VP-Bereitschaft besetzt alle Ausgänge des Rotehornparks. Die Personalien der Spaziergänger werden festgestellt. „Conny", der Fährtenhund vom Burger Polizeikreisamt, nimmt die Spur auf, verliert sie jedoch an der Strombrücke. Es ist 20.40 Uhr. Vom Täter fehlt jede Spur.
Am nächsten Tag liegt das Obduktionsprotokoll vor: Schädelbasisbruch durch mindestens zwei Schläge, wahrscheinlich mit einem Knüppel. Der Tod trat 15 bis 30 Minuten nach der Tat durch Verbluten sowie durch

Einatmen von Blut ein. Bereits nach dem ersten Schlag sei Anna E. handlungsunfähig gewesen.

Noch am selben Abend wird Ingrid R. im Krankenhaus vernommen. Die Schönebeckerin berichtet, dass sie Anna E. am Mittag des 16. Juli 1963 in der Grünanlage vor dem Magdeburger Hauptbahnhof kennengelernt hat. Dort hätten sie zusammen bis gegen 22.30 Uhr auf einer Bank gesessen und sich unterhalten. „Als es zu regnen anfing, sind wir auf den Bahnhof in die ‚Mitropa' gegangen", gibt die Hilfsschwester zu Protokoll. Die beiden Frauen, die, wie es weiter heißt, „einen umfangreichen Bekanntenkreis an Männern" haben, seien im Bahnhofslokal am Tisch eingeschlafen und am nächsten Tag gegen 13 Uhr in den Rotehornpark gegangen, um sich dort auszuschlafen. „Mir sind gleich die Augen zugefallen", sagt die 19-Jährige. Was dann passiert ist, daran könne sie sich nicht mehr erinnern.

Zuerst sieht es so aus, als würde der Fall schnell aufgeklärt. Es gibt drei konkrete Spuren.

Am 19. Juli geht bei der Mordkommission ein anonymer Brief ein, abgestempelt um 21 Uhr in Magdeburg. Er bezieht sich in gebrochenem Deutsch mit einigen kyrillischen Buchstaben dazwischen auf den Mord. „An Polizeikriminal in Magdeburg", so die Anrede. „Sie wollen wissen, wer sadistischer Verbrecher ermordet in Park Magdeburg alte Frau mit junge Frau?"
Die Zeilen bezichtigen einen Mann aus der Freiherr-von-Stein-Straße der Tat. Doch die Ermittlungen ergeben, dass sich eine Ukrainerin mit dem Brief an ihrem ehemaligen Kollegen rächen will.

Ebenfalls am 19. Juli wird ein Mann aus Delitzsch (Bezirk Leipzig) an der innerdeutschen Grenze im Kreis Klötze festgenommen. Der 24-Jährige hatte sich am 16. und 17. Juli in der Nähe des Magdeburger Hauptbahnhofs aufgehalten. Doch auch diese Spur endet im Nichts. Der dritte Verdächtige hat ebenfalls nichts mit der Tat zu tun. Es ist VP-Meister und Abschnittsbevollmächtigter aus dem Kreis Burg. Er war auf frischer Tat ertappt worden, als er Autos aufbrach. Der 47-Jährige gilt als gewalttätig gegen Frauen. Bei der Durchsuchung seiner Wohnung wird eine Motorradluftpumpe gefunden. Daran klebt Blut. Doch es ist Tierblut.

Am 18. Februar 1964 wird das Mordermittlungsverfahren eingestellt, „weil keine Anhaltspunkte zur Aufklärung des Verbrechens gegeben sind", so der Bezirksstaatsanwalt.

Die Jahre vergehen, und der Mord im Rotehornpark gerät langsam in Vergessenheit. Da wird am 5. Januar 1966 gegen 8.30 Uhr erneut eine Frau im Stadtpark gefunden.

Gerlinde M. (17) aus Staßfurt will an diesem Tag ihre Tante in Magdeburg besuchen. Sie wird von zwei Jungs begleitet. Vor dem Besuch wollen die drei noch im Park spazieren gehen.

Sie laufen an der Seeterrasse vorbei in Richtung Reiherbrücke. Da sieht einer der Jungen etwas, das wie „ein großer brauner Sack" aussieht. „Da hat der Weihnachtsmann etwas vergessen", witzelt er. Doch als er näher herantritt, fährt ihm der Schreck in die Glieder. Es ist kein Sack, sondern eine Frau im braunen Wintermantel. Sie liegt auf der rechten Seite. Ihre Beine zucken. Die Haare sind blutig.

Die Jugendlichen laufen zur Stadthalle, informieren von dort die Polizei. Als diese eintrifft, hat es wieder leicht zu schneien begonnen. Das Thermometer zeigt minus drei Grad. „Simba", der Fährtenhund vom VPKA Magdeburg, verfolgt eine Spur bis zum Aussichtsturm. Dort endet sie. Das sogenannte Polizei-Schnellkommando kontrolliert die wenigen Parkbesucher aus „gedeckten Beobachtungsstellen". Ohne Erfolg.

Die unbekannte Frau stirbt am 6. Januar um 4.30 Uhr im Altstädtischen Krankenhaus, ohne noch einmal das Bewusstsein erlangt zu haben. Die Sektion ergibt: Tod durch Hirnblutung nach Brüchen des Schädeldachs und Hirnprellung, hervorgerufen durch mehrfach stumpfe Gewalt – mindestens drei Hiebe – gegen die linke Kopfseite.

Während die Obduktion noch läuft, meldet sich eine Frau aus Magdeburg-Buckau bei der Kripo. Anna L. hatte am Morgen die „Volksstimme" gelesen, in der die Bevölkerung zur Mithilfe aufgefordert wurde. „In meinem Bekanntenkreis gibt es eine Frau, auf die die Beschreibung passt", sagt sie aus. „Es ist Erna E."

Die Angaben der Frau sind konkret. Die Kripo erfährt, dass Erna E. fast täglich im Rotehornpark spazieren ging und immer zur selben Zeit wieder zu Hause war. Die Tat musste am 4. Januar zwischen 16 und 17 Uhr begangen worden sein. Denn an jenem Tag wurde die 61-Jährige gegen 15 Uhr das letzte Mal gesehen.

Zwei Jahre lang ermittelt die Magdeburger Polizei wegen Totschlags gegen unbekannt, dann sind alle

Trümpfe ausgereizt. Am 22. Januar 1968 kommt der Fall zu den Akten.

Dort bleibt er bis zum 13. August 1971. Erst im Zusammenhang mit den Raub- und Vergewaltigungsermittlungen gegen Peter S. werden sie wieder interessant.

Aus dem Verdacht, dass der 30-Jährige etwas mit den Rothehornpark-Taten zu tun haben könnte, wird Gewissheit, als der Vernehmer Peter S. fragt, ob er etwas von der Sache wisse, und dieser antwortet: „Meinen Sie das mit der alten Dame oder den beiden jüngeren Frauen?"

Am 18. August 1971 um 12.15 Uhr unterschreibt S. sein Geständnis. Er habe die Frau im braunen Wintermantel im Stadtpark getroffen und sie gefragt, wo es zur Gaststätte geht. Dabei sei ihm die Handtasche aufgefallen. „Meine Pimperlinge waren halb alle, deshalb wollte ich ihr die Tasche wegnehmen", gibt der Täter zu Protokoll. Ihm sei auch in den Sinn gekommen, die Rentnerin zu vergewaltigen. Als er das in die Tat umsetzen wollte, habe sich das Opfer gewehrt und ihn in die Hand gebissen. Da sei ihm „der Trieb vergangen". Er habe den Regenschirm der Frau genommen und ihn ihr über den Kopf geschlagen. „Ich kann Ihnen alles genau zeigen", so S.

Am 1. September 1971 beginnt um 11.40 Uhr der Lokaltermin im Park. Es geht zuerst um die Tat von 1963. „Ach, ich habe jetzt wieder so richtig die Bilder vor Augen", sagt der Untersuchungshäftling. Dann beschreibt er, wie die Frauen auf der Wiese lagen, wie er sie längere Zeit beobachtete, wie er dann einen Knüppel suchte, auf die beiden einschlug und danach fluchtartig die

Wiese verließ. „Mir war egal, was aus den Frauen wird", gibt er zu. Auch die Tat drei Jahre später beschreibt er genau.

Das psychiatrische Gutachten bescheinigt Peter S. einen Intelligenzquotienten von 51 und „mittleren Schwachsinn".

Im März 1972 widerruft der Mörder seine Geständnisse „aus Angst vor der Todesstrafe". Bei

Peter S. am 1. September 1971 beim Lokaltermin am Elbufer des Rotehornparks

einem erneuten Verhör gibt er jedoch zu, dass den Widerruf ein Mithäftling geschrieben hat.

Am 14. Juni 1972 beginnt vor dem III. Strafsenat des Magdeburger Bezirksgerichts der Prozess gegen Peter S. Nach fünf Verhandlungstagen erkennt das Gericht am 23. Juni auf eine lebenslange Haftstrafe wegen mehrfachen Mordes in Tateinheit mit schwerem Raub und versuchter Vergewaltigung sowie Nötigung zu sexuellen Handlungen. Auch unter Berücksichtigung der verminderten Zurechnungsfähigkeit sieht der Senat eine solche Schwere in den Taten, „dass es notwendig ist, S. für immer von der Gesellschaft zu isolieren".

Nach 1990 versucht der Verurteilte, der im Naumburger Gefängnis seine Strafe verbüßt, immer wieder, vorzeitig entlassen zu werden. Aber weder seinem Einspruch wegen „zu hoher Strafe" am 5. November 1990, dem Kassationsersuchen 1991 noch dem Gnadengesuch 1995 wird stattgegeben.

Am 3. August 1996 erkrankt Peter S. schwer und wird von der Haft ins Kreiskrankenhaus Naumburg verlegt. Dort stirbt er ein Jahr später 56-jährig.

Der Magdeburger Gattenmord

Karl Joker* wird am 25. März 1964 gegen 1.30 Uhr wach, weil er Geräusche im Treppenhaus hört. Als der 61-Jährige aufsteht, sieht er im Korridor seiner Vorderhauswohnung in der Magdeburger Spielhagenstraße einen flackernden Lichtschein. Gleichzeitig nimmt er einen penetranten Spiritusgeruch wahr. Sekunden später weiß Joker, dass seine Wohnungstür brennt. Doch der Hauswirt kann die Flammen schnell löschen. Dass der „Feuerteufel" in dieser Nacht im Haus nicht nur einmal gezündelt hat, wird den Bewohnern kurze Zeit später klar. Denn auch im Parterre des Hinterhauses brennt es – in der Wohnung des Ehepaars Chatter*. Nachbar Wolfram Senner* ist als einer der Ersten in den verqualmten Räumen. Das Feuer kommt aus dem Schlafzimmer. Der größte Brandherd befindet sich zwischen dem Ehebett und dem großen Schrank.
Senner nimmt einen Eimer und schüttet Wasser über das qualmende Lager. Im selben Moment prallt er entsetzt zurück. Auf dem Bett liegt ein Mann. Sein Kopf ist schlimm zugerichtet. Überall Blut. Es ist Otto Chatter. Der lebensgefährlich Verletzte wird ins Krankenhaus Altstadt gebracht.

Auf den Brandsachbearbeiter, Polizeiunterleutnant Henning, wartet eine Menge Arbeit. Zuerst werden sämtliche Räume des dreistöckigen Wohnhauses gründlich durchsucht. Dabei wird entdeckt, dass es auch im Keller der Chatters gebrannt hat. Henning hält fest: „Starker Spiritusgeruch, im Regal liegt eine zerschlagene Spiritusflasche zwischen den Einweckgläsern."

Im Schlafzimmer der Chatter-Wohnung stellt der Brandexperte fest: „Stark verkohlte Federbetten, auf der Bettwäsche starke Blutspuren, starker Spiritusgeruch."

In der Küche notiert der Ermittler ein weiteres wichtiges Detail: „Der Gasverbindungsschlauch ist zwischen Gashahn und Herd durchtrennt."

Die Untersuchung der Wohnungstür von Hauswirt Joker ergibt, dass auch dieser Bereich auffallend nach Spiritus riecht. Besonders der verkohlte Abtreter.

Die Magdeburger Kripo befragt die Hausbewohner. Herbert Maler*, der wie die Chatters im Parterre wohnt, sagt aus, dass er gegen 0.45 Uhr ein Stöhnen aus der Nachbarwohnung gehört hat. „Als würde sich jemand übergeben. Gegen 1 Uhr habe ich Schritte auf dem Hof gehört. Ich dachte, dass jemand zum Arzt geht."

Polizeiunterleutnant Henning erkundigt sich in der Klinik nach dem Zustand von Otto Chatter. In seinem Bericht schreibt er: „Der Zustand des 57-Jährigen ist bedenklich. Er lag ohne Besinnung auf dem OP-Tisch. Der Rücken ist völlig verbrannt, am Hinterkopf eine große Wunde. Nach Aussage des Arztes ist die Schädeldecke zertrümmert. Wahrscheinlich durch einen scharfen Gegenstand." Der Arzt macht Henning wenig Hoffnung, dass Chatter überlebt.

Der „scharfe Gegenstand" wird im Keller der Chatters gefunden. Es ist ein großes Beil. Die Blutflecken daran sind nicht zu übersehen.

Mit einem Feuer wollte die Mörderin in der Hinterhauswohnung (Pfeil) ihre Spuren verwischen

Von Erna Chatter, der Ehefrau des Schwerverletzten, fehlt jede Spur. Eine Fahndung nach der vollschlanken, dunkelblonden Frau wird herausgegeben. Es ist nicht auszuschließen, dass die 51-Jährige die Täterin ist.
Inzwischen sind die Kriminalisten auf einen vierten Brandherd gestoßen. Es ist die Holzlaube von Familie Chatter in der Anlage „An der Steinkuhle". Auf Parzelle 19 finden die Ermittler einen Eimer mit Spiritus, eine Spiritusflasche und Streichhölzer.
Die Polizei versucht sich ein Bild von der Ehefrau des Opfers zu machen. Dabei stoßen sie auf einen Umstand, dem sie während der Ermittlungen immer wieder begegnen werden. Die Schwester der Gesuchten erzählt, dass Erna Chatter mit zwei Jahren an Syphilis erkrankt sein soll, weil sie auf dem Schoß eines Soldaten gesessen habe. „In der Familie war bekannt, dass Erna dann auch unsere Mutter angesteckt hat – durch

einen Kuss." Diese ganze Sache habe die Schwester ein Leben lang beschäftigt, oder besser gesagt – verfolgt.
Am 26. März 1964 erlässt das Kreisgericht Haftbefehl wegen versuchten Totschlags gegen Erna Chatter..
Die Polizei erhält kurz darauf die Information aus der Altstadt-Klinik, dass Otto Chatter ansprechbar ist. Der Ermittler schreibt auf einen Zettel: „Wurden Sie von Ihrer Frau geschlagen?" Der Versuch, sich verständlich zu machen, schlägt fehl.
Zwei Tage nach der Tat wird die Wohnungsüberwachung aufgehoben. Dieser Umstand veranlasst den Hauswirt zu einer Beschwerde beim Volkspolizeikreisamt (VPKA) in Magdeburg. Bei der Aussprache am 29. März erklärt Joker, dass im Haus große Unruhe herrscht und die Angst umgeht, dass „die irre Chatter wiederkommt und das ganze Haus in Brand steckt".
Am selben Abend erreicht das VPKA ein Anruf von Schwester Bärbel aus dem Krankenhaus Altstadt. Sie teilt mit, dass Otto Chatter um 13.15 Uhr seinen schweren Verletzungen erlegen ist.
Die Obduktion zwei Tage später ergibt, dass der Mann an „beidseitiger, ausgedehnter Lungenentzündung und schwerer Hirnprellung gestorben" ist. Das Sektionsprotokoll vermerkt: „Trümmerbruch der Schädelkapsel, Zerstörung des Schläfenbeins durch scharfe und stumpfe Gewalt." Danach sei Chatter handlungsunfähig gewesen. Das Feuer sei erst danach ausgebrochen. „Eine Drittel der Hautoberfläche weist Verbrennungen III. Grades auf."
Am 13. April 1964 erhalten die Magdeburger Mordermittler ein Blitzfernschreiben aus Zinnwald im Kreis

Dipoldiswalde. Die dortige Polizeibehörde informiert ihre Kollegen, dass eine Frau an einer Bushaltestelle einen Selbstmordversuch unternommen hat. Ein Kraftfahrer hatte die dunkelblonde Frau mit dem Dutt besinnungslos im Straßengraben gefunden.
„Sie hat die Innenseiten ihrer Handgelenke mit einer Rasierklinge verletzt + Die Frau wurde ins Kreiskrankenhaus gebracht + Es könnte sich um die zur Fahndung ausgeschriebene Erna Chatter aus Magdeburg handeln."
Die Antwort: „Die Frau sofort festsetzen und verhören."

Bei ihrer ersten Vernehmung am 14. April 1964 gesteht die sich nunmehr im Haftkrankenhaus befindliche Frau, es ist die gesuchte Erna Chatter, den Anschlag auf ihren Ehemann: „Ich habe die Tat vor Ostern begangen", sagt sie. „Es war gegen 1.30 Uhr, da habe ich meinem jetzt verstorbenen Ehemann mit dem Beil auf den Kopf geschlagen und danach den Gasschlauch in der Küche durchgeschnitten. Dann habe ich alle Türen aufgemacht."
Darauf sei sie in ihren Keller gegangen und habe Spiritus verschüttet. „Ich wollte alles und auch mich selbst vernichten. Dass noch andere Leute im Haus wohnen, daran habe ich nicht gedacht."
Vom Magdeburger Hauptbahnhof sei sie mit dem 4-Uhr-Zug nach Berlin gefahren. Von dort erst nach Dresden, dann nach Zinnwald. „Dort wollte ich mich selbst vernichten. Ich habe mir einen angetrunken, bin dann auf die Toilette der Bushaltestelle und habe

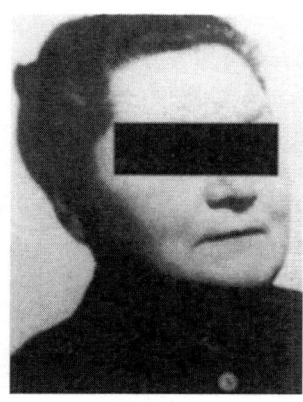

Die 51-jährige Erna Chatter brachte ihren Mann mit einem Beil um

mir die Pulsadern aufgeschnitten."
Als Motiv gibt sie an, dass das Zusammenleben mit ihrem Mann in der letzten Zeit ihrer 30-jährigen Ehe „eine Qual gewesen" sei. „Otto hat mich zum Beispiel nie mit dem Vornamen angeredet", sagt sie. „Weil er so komisch zu mir war, wollte ich ihn vernichten." Außerdem habe sie das Gefühl gehabt, ihr Mann habe andere Frauen. „Aber überrascht habe ich ihn nie."
Am 29. Juni wird die Täterin ins Magdeburger Untersuchungsgefängnis gebracht. Zehn Tage später beginnt das nächste Verhör mit dem Lebenslauf Erna Chatters: „Ich war Hausmädchen in Menz, im Kreis Burg, und dann in Königsborn bei einem Bäcker. 1929 fing ich in der Konservenfabrik Gerwisch an. Danach war ich wieder Hausangestellte – in Magdeburg."
Nun will der Vernehmungsbeamte Einzelheiten zur Tat und zum Motiv wissen. „Am 23. März bin ich in unseren Garten ‚An der Steinkuhle' gegangen. Ich wollte mir das Leben nehmen, vorher aber alles im Garten vernichten, damit kein anderer einen Vorteil aus dem Garten zieht." Sie habe die Bäume und Sträucher angesägt, damit sie eingehen.

Am 24. März sei ihr Mann um 20 Uhr ins Bett gegangen, sie eine halbe Stunde später. „Ich hatte die feste Absicht, meinen jetzt verstorbenen Mann zu töten und mit dem Geld so lange in der Republik herumzureisen, bis es alle ist. Er hat mich ohne Grund kaputtgemacht, jetzt wollte ich ihn kaputtmachen."
Nachdem ihr Mann eingeschlafen war, habe sie das Beil (1,6 Kilogramm schwer, fünf Zentimeter Schneidenlänge) aus dem Keller geholt. „Dann habe ich die Nachttischlampe angeschaltet, um besser sehen zu können, und habe meinem Mann auf den Kopf geschlagen." Anschließend habe sie ihm die Bettdecke über den Kopf gezogen und zweimal die stumpfe Seite benutzt. Nach der Tat brachte Erna Chatter das Beil wieder in den Keller.
„Ich habe Spiritus verspritzt und eine Kerze in eine Bohnerwachsdose gesteckt und neben den Kleiderschrank im Schlafzimmer gestellt. Die Wohnung und die Leiche sollten Opfer der Flammen werden."
Dann habe sie Schlüssel sowie ein Stück Wurst eingesteckt und Geld aus dem Portemonnaie ihres Mannes genommen. Zwischen 1.30 Uhr und 2 Uhr habe sie schließlich ihre Parterrewohnung verlassen. Dabei sei ihr in den Sinn gekommen, dem Hauswirt Karl Joker im Vorderhaus „eins auszuwischen". „Er wollte mit mir geschlechtlich verkehren." Sie schüttete Spiritus auf dessen Abtreter und durch den Briefschlitz. Dann legte sie Feuer.
Bei ihrer Untersuchung in der Nervenklinik der Medizinischen Akademie Magdeburg erzählt Chatter immer wieder die Geschichte ihrer angeblichen Syphiliser-

Im Schlafzimmer, dem Tatort, legte Erna Chatter nach dem Mord Feuer

krankung als Zweijährige. Diese eingebildete Krankheit, so der Bericht des Mediziners, habe sie ihr ganzes Leben verfolgt. Erna Chatter sei sexuell überlastet gewesen. Bereits drei, vier Wochen vor den Beilhieben habe sie die Tat geplant. Der Psychiater spricht von starrem Festhalten an vorgefassten Meinungen und von Gefühlskälte bei der Untersuchten. Chatter habe „keine Angst bei der Tat" gehabt und zeige „keinerlei Reue".

Der Prozess beginnt am 20. Januar 1965 vor dem Magdeburger Bezirksgericht. Fünf Tage später verkündet der Vorsitzende Richter des III. Strafsenats, Pfeiffer, das Urteil: lebenslange Haft wegen Mordes und schwerer Brandstiftung. Die Angeklagte habe sich eingebildet, unheilbar krank zu sein und deshalb von ihrem Mann vernachlässigt zu werden. Die Berufung wird am

22. Februar 1965 vom 5. Strafsenat des Obersten Gerichts der DDR als unbegründet zurückgewiesen.

Erna Chatter sitzt erst in Leipzig, später in der Haftanstalt Hoheneck hinter Gittern. Am 15. Oktober 1980 wird die 67-Jährige nach 15 Jahren Haft durch einen Gnadenakt des DDR-Staatsratsvorsitzenden in ein Altersheim im Kreis Gardelegen entlassen.

Der Tote in den Spiegelsbergen

Am 20. März 1966 meldet Günther G. seinen elfjährigen Sohn beim Volkspolizeikreisamt Halberstadt als vermisst. „Weil wir für abends eine Feier geplant hatten und uns Salzstangen fehlten, hatte sich Günter angeboten, welche zu besorgen", schildert der Mann. Der Junge habe vermutet, dass es in der Gaststätte „Landhaus" am Ortsrand von Halberstadt Salzstangen gibt, weil er dort zwei Wochen zuvor bereits einige Tüten bekommen hatte.
„Um 12.45 Uhr ist Günter mit dem Fahrrad los", so der Vater. „Er wollte noch einen Freund mitnehmen und gegen 14 Uhr wieder zu Hause sein."
Als der Elfjährige um 16 Uhr noch nicht aus den „Spiegelsbergen" zurück war, wurden die Eltern unruhig. Denn Günter ist ein folgsamer Junge, der bisher immer pünktlich gewesen war.
Der Vater fuhr die Strecke mit dem Fahrrad ab: Spiegelsbergeweg, am alten Gut vorbei, am ehemaligen Gasthaus „Grüner Jäger" entlang zum „Landhaus". „Ich habe die Objektleiterin nach meinem Kind gefragt", gibt der 35-Jährige zu Protokoll. Doch Günter war nicht in der Gaststätte.
Günther G. dehnte die Suche bis nach Langenstein/Zwieberge aus. Erfolglos.
„Mein Sohn ist so erzogen, dass er mit fremden Menschen nicht mitgehen würde", ist sich der Vater sicher. Die groß angelegte Suche nach dem blonden Jungen mit dem schmalen Gesicht und den blauen Augen be-

ginnt. Hundestaffeln durchstreifen die Wälder, Bereitschaftspolizei ist eingesetzt. Durch Halberstadt fahren Lautsprecherwagen: „Gesucht wird ein Junge, bekleidet mit dunkelgrüner Jacke, grüner Hose, blauer Bommel-Pudelmütze. Er fährt ein schwarzes Mifa-Damenfahrrad und hat ein Einkaufsnetz bei sich."
Doch trotz des großen Polizeiaufgebots wird Günter G. nicht gefunden. Bis zum 12. Mai 1966.
An diesem Donnerstag meldet sich Wolfgang N. bei der Polizei und erzählt, dass er in einer Kiefernschonung in den Spiegelsbergen eine Entdeckung gemacht hat.
„Ich bin mit meiner Frau und den drei Kindern Richtung ‚Grüner Jäger' spazieren gegangen", gibt er beim VPKA zu Protokoll. „Gegen 16.15 Uhr kamen wir zu einer Stelle mit Birken. Meine Frau sagte, dass wir Zweige für die Vase mitnehmen könnten."
Beim Zweigeabbrechen sei er weiter in den kleinen Wald gegangen. „Dann musste ich mal. Als ich mich hinhockte, habe ich gesehen, dass ein paar Meter vor mir ein Fahrrad liegt, daneben ein grünes Bündel. Ich hatte gleich ein komisches Gefühl."
Er sei zu seiner Frau zurück und habe gefragt: „Wird nicht ein Junge vermisst?" Dann seien sie zur Polizei gegangen. „Näher ran bin ich nicht. Mir war unheimlich", sagt N. aus.
Um 17.20 Uhr ist die Magdeburger Mordkommission mit Kriminal-Hauptmann Adalbert Winter am Fundort, der rund 100 Meter vom Harzclubweg entfernt ist. Kurz darauf treffen ein Halberstädter Kriminaltechniker und Magdeburger Gerichtsmediziner ein.

Am 12. Mai 1966 wird der Vermisstenfall „Günter G." zur Mordsache. Der tote Junge wird in einer Kiefernschonung in den Spiegelsbergen bei Halberstadt gefunden.

Kriminaltechniker Leutnant Meyer dokumentiert die Auffindesituation. Das Auffällige: Die Leiche hat ein Perlonnetz um den Hals. Die Schlinge hängt hinter der Klingel des Fahrrades.
Für Winter besteht kein Zweifel, dass der Tote Günter G. ist. Fahrrad und Kleidung stimmen mit der Beschreibung überein, die die Eltern gegeben haben.
Einen Tag, nachdem das Kind gefunden wurde, identifizieren Mutter und Schwester das rot-weiß-grüne Perlonnetz.
Letzte Gewissheit über Identität und Todesursache bringt die Obduktion. Starke stumpfe Gewalt gegen die rechte Schläfe verbunden mit Knochenverletzung – wahrscheinlich durch Faustschläge – wird festgestellt. Der Tod sei allerdings durch Ersticken eingetreten.

Die Ermittlungen konzentrieren sich zuerst auf die bekannten Personen. Ganz oben auf der Liste steht Wolfgang N., der die Leiche entdeckt hat. Die Kriminalisten stoßen auf einen Lebenslauf, der sie hellhörig werden lässt.

Wolfgang N. wurde als fünftes von neun Kindern geboren. Seinen Vater lernte er nie kennen. 1958 wies ihn das Referat Jugendhilfe des Kreises Zeitz als „Schwererziehbaren und kriminell Gefährdeten" in ein Kinderheim im Bezirk Karl-Marx-Stadt ein. Zwei Jahre später darf der inzwischen 14-Jährige nach Hause zurück. In der Hilfsschule schafft er die 7.Klasse.

„Weil ich es im Heim nicht anders gelernt hatte", sagt er später aus, „fing ich wieder zu klauen an, Fahrräder und so."

Später folgen diverse Arbeitsstellen als Stahlbauschlosser, Entwässerungsarbeiter, Maler, E-Karrenfahrer, Sandstrahler, Tiefbauer, Transport- und Kampagnenarbeiter ... Manche Stelle schmeißt er bereits nach einem Tag. Dreimal wird er verurteilt: 1961 Diebstahl, 1962 Diebstahl und Betrug, 1963 Diebstahl. Seine letzte Strafe hat er am 18. Dezember 1964 verbüßt.

Zur kriminalpolizeilichen Praxis gehört, dass im Zuge einer Ermittlung auch ältere, ungeklärte Fälle abgeklopft werden. Das ist auch im Falle des Mordes in den Spiegelsbergen von Halberstadt der Fall. Deshalb nimmt der Magdeburger Kripo-Oberleutnant Ernst Schmidt am 14. Mai 1966 die Akte einer versuchten Notzucht in Halberstadt wieder in die Hand.

Am Nachmittag des 14. August 1965 war eine 14-Jährige „In der Klus" am südlichen Rand Halberstadts von einem Fahrradfahrer überfallen, in ein Gebüsch gezerrt und auf die Erde gedrückt worden. Der Mann hatte versucht, die Schülerin zu vergewaltigen.

Das Opfer Ingetraut M. beschrieb den Täter damals als 19 bis 23 Jahre alten Mann, etwa 1,60 Meter groß, mittelblond, glattes Haar mit einer Narbe an der linken Hand. Am 10. September 1965 war das Verfahren vorläufig eingestellt worden, weil die Kripo ihre Möglichkeiten ausgeschöpft hatte.

Ernst Schmidt fällt auf, dass auf Wolfgang N. die Beschreibung durch die 14-Jährige ziemlich genau passt. Am 17. Mai 1966 wird deshalb das Ermittlungsverfahren wieder aufgenommen.

Die Kriminalisten fahren zu dem Mädchen nach Ballenstedt und legen ihm sieben Monate nach der versuchten Notzucht vier Fotos vor. Schmidt notiert in seinem Protokoll: „Irmtraud M. sah sofort das Bild Nummer 2 an, dann flüchtig die anderen. Danach wieder Nummer 2." Der Mann im karierten Sakko sehe dem Täter „sehr ähnlich", habe sie gesagt.

Der Mann auf Foto 2 ist Wolfgang N.

Bereits bei der ersten Vernehmung gibt N. zu, dass er die 14-Jährige „mit dem hübschen Gesicht" 1965 nach einem Streit mit seiner Ehefrau gewürgt hat und zum Geschlechtsverkehr zwingen wollte.

Doch damit geben sich die Mordermittler nicht zufrieden. Sie sind sich fast sicher, dass Wolfgang N. auch etwas mit dem Mord in den Spiegelsbergen zu tun hat.

Denn seine Aussage und die der Ehefrau zum Spaziergang am 12. Mai 1966, bei dem er die Kinderleiche gefunden haben will, weichen voneinander ab. Hinzu kommt, dass die Opfer in beiden Fällen gewürgt wurden.

Weitere Ermittlungen zur Person Wolfgang N.s zeichnen das Bild eines Unbeherrschten, der zur Gewalt neigt. So sagen die Nachbarn aus, dass er seine Kinder misshandelte. Eine Nachbarin hatte ihn deshalb angezeigt. Die Ehefrau bekam ebenfalls seine Brutalität zu spüren. Er hatte sie gewürgt und war auch nicht davor zurückgeschreckt, einen Kessel mit kochendem Wasser nach ihr zu werfen.

Die Kripo befragt N. wieder und wieder. Doch der Halberstädter bleibt vorerst bei seiner Version. Er will mit anderen Straftaten außer der versuchten Vergewaltigung nichts zu tun haben.

Am 18. Mai 1966 wird wegen Verdunklungsgefahr vom Kreisgericht Halberstadt Haftbefehl gegen N. erlassen. Um 15 Uhr sitzt der junge Mann erneut vor seinem Vernehmer vom Dezernat II der Magdeburger Mordkommission. Er beginnt seine Aussage mit den Worten: „Ich habe gestern nicht alles so dargestellt, wie es sich wirklich zugetragen hat."

Er habe seiner Frau „am 19. oder 21. April" 1966 gesagt: „Ich weiß, wo der vermisste Junge ist. Ich habe ihn schon liegen sehen, angezogen neben seinem Fahrrad. Lass erst mal dein Bein besser werden, dann zeige ich dir die Stelle." Am 12. Mai sei er dann mit der Ehefrau in die Spiegelsberge gegangen. „Wir ho-

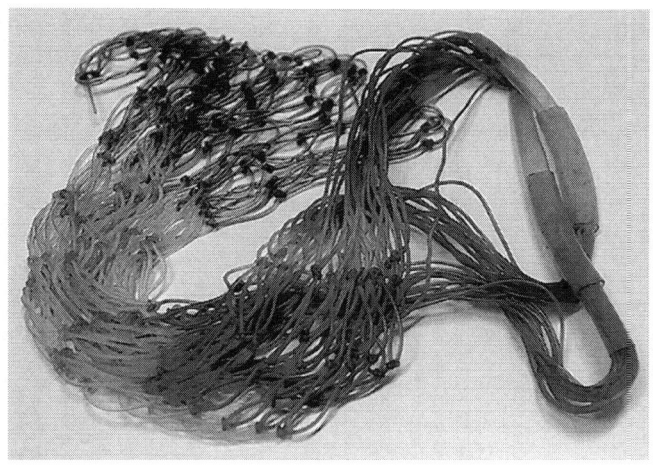

Das Perlonnetz, mit dem Wolfgang N. den Elfjährigen am Fahrradlenker aufhängte

len uns die 500 Mark Belohnung", so seine Worte. „Sag aber der Polizei nicht, dass ich den Jungen schon vorher gefunden habe."
Drei Tage lang, in denen die Kripo die Angaben prüft und weitere Zeugen vernimmt, hat N. Verhörpause. Dann wird er wieder aus der Untersuchungshaft vorgeführt. „Sie haben bereits die versuchte Vergewaltigung zugegeben. Sind Sie gewillt, auch über Handlungen im März 1966 zu sprechen?", baut der Vernehmer Wolfgang N. am 21. Mai 1966 eine Brücke. Es ist kurz nach 9 Uhr. Der Gefragte überlegt einen Augenblick und nickt dann.
Am 12. März sei er mit dem Rad von der Arbeit nicht gleich nach Hause, sondern zum Tannenzapfensam-

meln in den Wald gefahren. „Es muss so gegen 14 Uhr gewesen sein, da habe ich auf dem Weg zum ‚Landhaus' einen Jungen überholt. Wir sind leicht mit den Rädern zusammengestoßen. Ich habe mich geärgert und wollte ihn zur Rede stellen." – „Jetzt kriegste Dresche", habe er dem Jungen gedroht. „Er bot mir aus Angst 1,20 Mark an, die er im Portemonnaie hatte."
Um ihm „eine Tracht zu verpassen", habe er den sich Sträubenden in den Wald gezerrt. „Da hab ich ihm eine gedonnert. Mit der Faust an den Kopf."
Der Junge sei umgefallen und habe kein Lebenszeichen mehr von sich gegeben. „Ich hab ihn um den Hals gefasst und gerüttelt, aber er ist nicht aufgewacht." Dann habe er ihn mit dem Rücken an einen Baum gelehnt, ihm das Netz um den Hals gelegt und es am Fahrradlenker hinter der Klingel festgemacht, „damit er nicht umkippt".
Als er am nächsten Tag die Lautsprecher hörte, sei ihm bewusst geworden, dass der Junge „nicht wieder zu sich gekommen" ist.
Nach der Mittagspause ergänzt N. seine Aussage: „Ich möchte nur noch erklären, dass mir im Zuge der Tatausführung gar nicht zu Bewusstsein kam, ihn totgemacht zu haben."
Am Abend sitzen die Ermittler zusammen. Sie sind sich sicher, dass Wolfgang N. immer noch nicht die ganze Wahrheit gesagt hat. Für den 26. Mai wird das nächste Verhör angesetzt.
N. kennt das Ritual bereits. Doch als der Vernehmer ihn zuerst wieder über seinen Lebenslauf und seine

vorangegangenen Straftaten befragen will, wechselt der 18-Jährige sofort das Thema. „Ich habe bisher gelogen. Aus Scham", beginnt er.

Als er den Jungen vor sich fahren sah, sei ihm der Gedanke gekommen, sich „geschlechtlich an ihm zu befriedigen".

„Ich habe ihn überholt und angehalten." – „Komm mit in den Wald!", habe er ihm befohlen. Doch der Junge habe gebettelt, ihn in Frieden zu lassen und ihm mit den Worten: „Hier haben sie mein Geld", ein paar Mark gegeben, die er auch einsteckte.

Als er ihm die Hose herunterziehen wollte, habe der Junge gesagt: „Ich mache so was nicht." „Da habe ich ihn mit der Faust an den Kopf geschlagen."

Als N. sich über den am Boden Liegenden hermachte, sei der Junge wieder zu sich gekommen. „Er hat geschrien", berichtet der Mörder. „Ich habe ihn um den Hals gefasst und zugedrückt. Ich wollte ihn totmachen, um geschlechtliche Befriedigung zu haben", spult er sein Geständnis herunter, ohne merklich betroffen oder aufgeregt zu sein.

Dann habe er aus dem Perlonnetz eine Schlinge gemacht, sie dem Kind um den Hals gelegt und die Enden am Fahrradlenker festgemacht. „Aus Angst, dass er vielleicht doch noch einmal zu sich kommt", wie N. sagt.

Wolfgang N. wird psychiatrisch untersucht. Bereits nach seinen Jugend-Diebstählen hatte ein nervenfachärztliches Gutachten der Universität Halle-Wittenberg von einem „Grenzfall" in Bezug auf N. gesprochen. Aber „die volle Verantwortlichkeit" sei gegeben.

Das neue, 31 Seiten lange Gutachten der Klinik für Neurologie und Psychiatrie Berlin-Friedrichshain bezeichnet N. am 20. Juli 1966 als „triebhaften und gemütsarmen Menschen". Der Halberstädter sei ein „Psychopath, der sich nicht von der Vernunft, sondern von Stimmungen leiten" lässt. „Primitiv und impulsiv", so die Charakteristik.

Am 16. September 1966 stellt der Bezirksstaatsanwalt das Verfahren bezüglich der versuchten Vergewaltigung an der Ballenstedter Schülerin ein. In der Begründung heißt es, dass die zu erwartende Strafe im Verhältnis zur Höhe der Verurteilung wegen Mordes nicht ins Gewicht falle.

Noch vor Prozessbeginn macht Wolfgang N. erneut auf sich aufmerksam. Der Leiter der Strafvollzugsanstalt Magdeburg teilt der Staatsanwaltschaft am 9. November 1966 mit, dass der Untersuchungshäftling mit anderen Straftätern einen Ausbruchsversuch abgesprochen hatte. Dabei sollten die Wärter erschlagen werden.

Am 10. November 1966 beginnt vor der III. Strafkammer des Magdeburger Bezirksgerichts die Hauptverhandlung. Die Beweise sind erdrückend.

Eine Woche später verkündet Oberrichterin Schilling im Namen des Volkes: „Der Angeklagte wird wegen Mordes gemäß Paragraf 211 Strafgesetzbuch zu lebenslangem Zuchthaus verurteilt."

Wolfgang N. habe mit unbeschreiblicher Brutalität und bar jeder Menschlichkeit seine egoistischen Ziele verfolgt. „Aufgrund seiner Asozialität und Gefühlskälte habe er sich außerhalb der Gesellschaft gestellt."

Der Rechtsanwalt von N. geht in Berufung, weil sich das Gericht „nur auf die widersprüchlichen Aussagen N.s bei den polizeilichen Vernehmungen gestützt" habe. Doch der 5. Senat des Obersten Gerichts der DDR verwirft die Berufung am 30. Dezember 1966.
Achtzehn Jahre später steht die Frage einer möglichen Haftentlassung. Der Leiter der Brandenburger Haftanstalt sieht indes keine positiven Ansätze bei Wolfgang N. und lehnt in seinem Bericht die Freilassung ab.
Erst der Gnadenbescheid des DDR-Staatsrats am 5. März 1990 öffnet dem Mörder das Gefängnistor. Am 2. April wird Wolfgang N. nach 25 Jahren Haft entlassen.

Todesschreie an der Waisenhausmauer

2. April 1967. Volkspolizei-Hauptwachtmeister Müller und VP-Meister Schmidt machen gerade Pause in der Wache der Transportpolizei auf Halles Hauptbahnhof. Es ist gegen 1.45 Uhr, als ein Mann und zwei Frauen den Raum betreten. Aufgelöst erzählt der junge Mann, dass seine 24-jährige Freundin verschwunden ist. „Ich möchte sagen", so die spätere Aussage des Hauptwachtmeisters bei der Kripo, „dass ich den Eindruck hatte, dass alle drei Bürger ziemlich aufgeregt waren. Man musste ihrem Verhalten entnehmen, dass wirklich etwas passiert war."

Der junge Mann erzählt, dass er am Abend mit seiner Freundin Ursula noch auf ein Bier in der Gaststätte „Passage" war. Gemeinsam seien sie dann durch die Stadt gelaufen. „Als wir an der Post vorbeikamen", sagt er, „habe ich auf die Uhr am Haus gesehen – es war genau fünf vor halb eins." Ursula habe dann nur mal „schnell um die Ecke" gewollt, und weil die öffentliche Toilette hinter dem Leipziger Turm nur für Männer geöffnet hatte, sei die Freundin in Richtung Mauer zwischen der Waisenhausapotheke und dem Franckeplatz gelaufen. Inzwischen sei er selbst aufs Männerklo am Turm gegangen.

An der Apotheke haben sie sich wieder treffen wollen. Doch Ursula sei nicht gekommen. „Ich bin die Waisenhausmauer entlanggelaufen und habe gerufen", sagt er, „aber Ursula hat nicht geantwortet." Das Gefühl, dass etwas geschehen sein könnte, sei immer stärker in ihm geworden.

Der junge Mann war dann zu einer Freundin Ursulas ins Internat gegangen und hatte ihr erzählt, dass die 24-Jährige spurlos verschwunden sei. Gemeinsam mit einer weiteren Studentin liefen sie zur Trapo-Wache.

VP-Hauptwachtmeister Müller und VP-Meister Schmidt gehen gegen 2.30 Uhr durch den Eingang rechts neben der Apotheke. Die Polizisten leuchten den angrenzenden verwilderten Garten mit Taschenlampen ab. Unweit der eingestürzten Mauer finden sie die Brille Ursulas, wie der am Eingang wartende Freund bestätigt. Gut zwei Meter neben der Brille liegt ein blutverschmierter Stein. Sekunden später ruft Müller seinem Kollegen zu: „Schau mal, dort liegt etwas Helles." Doch der hat schon bemerkt, dass es sich um die Gesuchte im hellen Mantel handelt.

Für die Morduntersuchungskommission Halle ist es nicht sonderlich schwer, den Tathergang zu rekonstruieren. Die Spuren sind eindeutig. Nachdem Ursula F.

Das Foto aus den Akten zeigt das Tor rechts neben der Waisenhausapotheke, durch das das Opfer am 2. April 1967 ging. Rechts die Waisenhausmauer.

ihren Freund verlassen hatte, war sie 150 Meter weiter bis zum Tor neben der Apotheke gegangen. In einer dunklen Ecke an der knapp zwei Meter hohen Waisenhausmauer wollte sie sich erleichtern. Als sie sich niederhockte, wurde sie vom Täter überwältigt. Sie wehrte sich mit aller Kraft und verletzte den Angreifer wohl auch. Sie verlor dabei ihre Brille und eine Mantelschlaufe. Der Täter warf die Musikstudentin auf die Erde. Dabei fiel die 24-Jährige auf einen großen Brocken der eingestürzten Mauer, der mit Scherben besetzt ist. Anschließend verging sich der Täter an der willenlosen Frau. Fingermale an ihrem Hals weisen darauf hin, dass sie auch gewürgt wurde.

Schon der Zustand der Kleidung hatte auf ein Sexualdelikt hingedeutet. Die Gerichtsmediziner bestätigen den Verdacht anhand von Spermaspuren an einem Taschentuch. Bei der Untersuchung wird ein weiteres wichtiges Detail festgestellt. Oberhalb der Brust des Opfers finden die Mediziner eine kräftige Bissspur – einen sogenannten Lustbiss. In der zusammengekrampften Hand hält die Tote ein paar Haarbüschel.

Die Polizei lässt Fahndungsplakate drucken. Es werden Zeugen gesucht, die „zur Tatzeit eine männliche Person in der Nähe des Leipziger Turms, am Waisenhausring oder der unmittelbaren Umgebung gesehen" haben. Ein Mann wird gesucht mit Verletzungen im Gesicht und an den Händen, mit blutbefleckter und verschmutzter oder beschädigter Kleidung. 1.000 Mark Belohnung werden für sachdienliche Hinweise zur Verfügung gestellt. Auch in der Bezirkszeitung „Freiheit" wird kurz über den Mord berichtet. Doch vorerst weist nichts auf den Täter hin.

Rund 400 Personen werden nach und nach von der Kripo überprüft, 19 Zeugen vernommen, 405 Hinweise gehen von Bürgern ein. Die Morduntersuchungskommission ist optimistisch, schließlich kann sich ihre Aufklärungsquote sehen lassen. Seit 1956 ist jeder Mörder und Totschläger im Bezirk Halle überführt worden.

Wichtiger Anhaltspunkt ist die Tatzeit. Einige späte Spaziergänger geben unabhängig voneinander an, in Nähe der Apotheke Schreie gehört zu haben – um genau 0.38 Uhr. Ein Handwerker und ein Student, die sich zur Tatzeit in der Nähe des Tatorts aufgehalten haben, geraten ins Fadenkreuz der Ermittler. Doch nachdem sich die Kriminalisten eingehender mit ihnen beschäftigen, scheiden beide aus. Den Handwerker entlastet der Vergleich seines Gebisses mit dem „Lustbiss" am Körper des Opfers.

Mitarbeiter der Morduntersuchungskommission ziehen durch die Gaststätten der Umgebung. Sie zeigen den Gästen eine Bildtafel mit 16 Fotos. Darunter aktuelle Tatverdächtige, aber auch „alte Bekannte". Sie fragen auch im „Promenaden-Café". Dort zeigt eine 22-Jährige sofort auf eines der Bilder. „Ja, der war am 1. April hier", erinnert sich die junge Frau sofort. „Der hat mit mir getanzt – einmal, dann wollte er schon mit mir raus. Es war kurz vor elf." Ein Kellner der Kneipe bestätigt die Angabe. Der Ammendorfer sei nicht das erste Mal da gewesen. So gegen 0.30 Uhr sei er an diesem Abend gegangen.

Am 12. April gegen 5 Uhr tauchen zwei Polizisten am Arbeitsplatz von Ofenarbeiter Hans-Jürgen St. auf. Er ist der Mann auf dem Foto und kein Unbekannter für die Polizei.
1958 musste der gelernte Maler wegen versuchter Vergewaltigung ein Jahr ins Zuchthaus. Er hatte eine 25-Jährige zu Boden geworfen und ihr die Röcke hochgerissen. Als die Frau schrie, war er geflohen. Zwei Jahre später war er dann zu drei Monaten Gefängnis verurteilt worden, weil er sich öffentlich zur Schau gestellt hatte. 1961 stand er erneut wegen Vergewaltigung vor Gericht. Er hatte am 19. Juni nachts eine Frau überfallen, sie am Hals niedergerissen und versucht, ihr Gewalt anzutun. Doch auch diesmal schreckten ihn noch die Schreie ab – zwei Jahre und fünf Monate Haft. 1966 folgten zehn Monate Gefängnis. Erst im März 1967 war er aus der Haft entlassen worden.
Obwohl vieles gegen Hans-Jürgen St. spricht, zum Beispiel die Tatsache, dass Familienangehörige nach teilweise bewussten Falschaussagen bestätigen, dass der Ofenarbeiter am 2. April erst nach 4 Uhr nach Hause gekommen ist, sieht es mit den anfangs so vielversprechenden Spuren gar nicht so gut aus. Die Haare in der Hand der Toten sind ihre eigenen, die in den Fußabdrücken Tierhaare. Das Blut am Stein ist das des Opfers, das Blut am sichergestellten Hemd des Verdächtigen ist sein eigenes. Das Sperma am Taschentuch ist für eine Untersuchung zu wenig. Die Fußspuren stimmen zwar mit der Schuhgröße des Verhafteten überein, allerdings werden keine dazu passenden Schuhe beim Verdächtigen gefunden.

Nach über zwei Wochen hartnäckigen Leugnens, in denen der „Boxer", wie der Tätowierte von seinen Kumpeln genannt wird, niemanden an sich heranließ, gibt er das erste Mal zu, im „Promenaden-Café" gewesen zu sein. Gegen zwei sei er aber schon in Ammendorf in der Wohnung seiner Eltern gewesen.

In den darauffolgenden Wochen füllen die Protokolle neue Versionen, Widerrufe von Aussagen, wieder neue Aussagen. Am 26. Juni dann gesteht der 26-Jährige den Mord. Bei ihm habe „etwas ausgehakt", sagt er. Das habe bestimmt am Bier und Likör gelegen.

Am nächsten Tag schildert er Einzelheiten des Mordes und gibt zu, dass er auf sein Opfer aufmerksam wurde, als es vom Stadt-WC über die Straße zur Waisenhausmauer gelaufen war. „Anfangs wollte ich nicht, dass die Frau totgeht", sagt er. Aber weil sie sich wehrte, habe er ihr den Hals zugedrückt. Er habe die Tat lange geleugnet, weil er sich geschämt hatte zuzugeben, dass er es „mit einer Toten gemacht" hatte.

Am 20. und 27. Juli 1967 wiederholt er sein Geständnis, ab August, als er in Berlin psychiatrisch untersucht wird, widerruft er jedoch alles.

Am 30. Januar 1968 beginnt vor dem 3. Strafsenat des Bezirksgerichts Halle der Indizienprozess gegen Hans-Jürgen St. Er leugnet erneut die Tat und gibt an, zur fraglichen Zeit zu Hause gewesen zu sein. Um diese Aussage zu beweisen, schildert er minutiös den Film „Agatha, lass das Morden sein", der an diesem Abend im Fernsehen gelaufen war.

Nach vier Verhandlungstagen fällt das Gericht das Urteil: lebenslanges Zuchthaus wegen Mordes in

Tateinheit mit Notzucht. Außerdem beschließt das Gericht, die schärfste Form des Strafvollzuges, die Kategorie 1, anwenden zu lassen, die dem Verurteilten kaum Bewegungsfreiheit innerhalb der Gefängnismauern lässt.

In seiner Begründung weist der Vorsitzende Oberrichter Altendorf auf die lückenlose Beweiskette hin, die den vor Gericht bis zum Schluss nicht geständigen Angeklagten eindeutig überführt habe. Er habe in seinen Geständnissen bei der Polizei Tatdetails geschildert, die nur der Mörder kennen konnte. Mildernde Umstände sah das Gericht ebenso wie der Staatsanwalt in der psychisch beschränkten Geisteskraft des Mörders. Ein Sachverhalt, der ausschließt, die Todesstrafe zu verhängen.

Der „Waisenhausmörder" wurde 1991 aus der Haft entlassen.

Der Mord am Kindergartenzaun

Um 22 Uhr sollte die 17-jährige Renate an diesem Donnerstag zu Hause sein. Ihre Mutter schaut unruhig auf die Uhr. „Schon eine Viertelstunde über die Zeit", denkt sie. Im selben Moment hört sie den Schrei einer Frau. „War das bei den Nachbarn?", geht es ihr durch den Kopf. Dann wird ihre Angst noch größer, und sie holt ihr Fahrrad aus dem Stall. Sie ahnt den Weg, den die Tochter nehmen muss. Renate war bei ihrer älteren Schwester, die ebenfalls in Colbitz wohnt.

Die Mutter muss nicht lange fahren. Im Plankener Weg sieht sie Renate mit einem jungen Mann am Zaun des Kindergartens stehen. „Da hat sie dieser Kerl doch schon wieder abgepasst", denkt sie.

Die Frau kennt den 21-Jährigen. Jürgen E. ist seit zehn Monaten mit Renate P. befreundet. Er hat sie am 9. September 1969 im Kino kennengelernt. Am selben Tag, als er aus dem Gefängnis entlassen wurde. Ein Jahr zuvor war E. wegen gefährlicher Körperverletzung zu 18 Monaten Haft verurteilt worden.

Renates Mutter war von Anfang an gegen diese Beziehung. Und als sie Jürgen E. Mitte Dezember 1969 dabei erwischte, wie er durchs Kellerfenster einstieg, um Renate heimlich zu besuchen, stellte sie den jungen Mann zur Rede: „Lass die Finger von dem Mädchen!"

Doch der Colbitzer denkt gar nicht daran. Obwohl er neben Renate noch andere Mädchen hat – in Zeppernick bei Möckern ist eine junge Frau von ihm schwanger –, kann es seine gekränkte Eitelkeit nicht ertragen, dass ihm die 17-Jährige den Laufpass gibt.

Er bedrängt die Schülerin, ohrfeigt sie sogar beim Tanz in Rogätz und lauert ihr immer wieder auf. Die Situation spitzt sich so zu, dass Renate nicht wagt, 1969 zum Silvestertanz zu gehen. Aus Angst vor den ständigen Drohungen traut sich Renate auch abends kaum noch aus dem Haus.

Bis zum 2. Juli 1970.

Es ist kurz vor 22.30 Uhr, als die Frau ihrer Tochter und Jürgen E. im Plankener Weg unter einer Akazie erblickt. Noch beim Absteigen vom Fahrrad fragt sie: „Hat er dir was getan?" – „Nein, nein", antwortet Renate, „ich habe nur geschrien. weil ich einen Schreck gekriegt habe, als Jürgen hinterm Baum vorgekommen ist." Die Mutter spricht den jungen Mann an: „Lass meine Tochter gehen!" Doch Renate unterbricht sie: „Mutti, fahr schon mal nach Hause. Ich komme gleich nach."

Aber Renates Mutter will nicht, sie fährt nur bis zur Straßenecke und ruft von dort wieder: „Komm!" – „Sei nicht so laut, Mutti", antwortet darauf das blonde Mädchen, „wir wollen alles in Ruhe klären."

Bei diesen Worten geht Renate P. zwei Schritte auf ihre Mutter zu. Jürgen E. holt das Mädchen ein und hält es am linken Handgelenk fest. „Mutti, das Messer ...!", hört die Frau noch. Dann stürzt ihre Tochter.

E. kniet sich über das Mädchen. Die Mutter sieht, dass ihre Tochter aus einer großen Halswunde blutet. Die Frau schreit um Hilfe. Jürgen E. springt auf und läuft ein paar Schritte vom Tatort weg.

Die Entsetzte nimmt ihre Tochter in den Arm. Das

Mädchen stöhnt: „Mutti, Mutti, Mutti ..." Im selben Moment kommt E. zurück. Aus Furcht vor dem Täter, der ein Messer in der Hand hält, läuft die Mutter die Straße entlang. Sie sieht, wie Jürgen E. mehrmals auf Renate einsticht und dann flieht.
Wenige Minuten später stellt der herbeigerufene Arzt den Tod des Mädchens fest.
Um 23.30 Uhr wird der Kripo-Chef von der Magdeburger Bezirkspolizeibehörde durch die K-Einsatzgruppe des VPKA Wolmirstedt über das Tötungsdelikt in Colbitz informiert. Er ordnet den Einsatz der Morduntersuchungskommission an.
Ein Suchhund der Stendaler Polizei führt die Ermittler von der Leiche über den Plankener Weg in Richtung der Straße, die zur Siedlung führt. An der Gabelung biegt er nach links ab. Den Waldweg entlang, leitet er den Kriminalobermeister bis zur Letzlinger Straße. Vor der Nummer 82 endet die Fährte.
Bis 1 Uhr sind Magdeburger Gerichtsmediziner am Tatort. Erste Untersuchungen des Mädchens im grünen Pulli und hellbeigen Manchesterrock ergeben, dass sich mehrere Schnittwunden am Hals der Toten befinden. Die längste Verletzung ist sieben Zentimeter lang und verläuft waagerecht. Außerdem finden die Gerichtsärzte Messerstiche in der Brust und Abwehrverletzungen an den Händen.
Die Obduktion einige Stunden später ist konkreter. Starker Blutverlust durch fünf tödliche Gefäßverletzungen im Halsbereich, heißt es da. Die Stichkanäle enden zum Teil an der Halswirbelsäule. Insgesamt wurde Renate P. von 29 Messerstichen getroffen.

Wenige Tage nach dem Mord an der 17-Jährigen stellen zwei Kriminalisten die Tat bei einem Ortstermin in Colbitz nach. Im Vordergrund die Mutter des Opfers, die Zeugin des Mordes wurde.

Aufgrund der Zeugenaussage der Mutter fahndet die Polizei nach Jürgen E. Parallel befasst sie sich mit dem Lebenslauf des jungen Mannes.
Nach der 8. Klasse begann Jürgen E. eine Lehre als Baukunstschlosser. Doch er bummelte die Berufsschule. Nach einem Jahr flog er raus. Er fing im Beton- und Kieswerk als Hilfsarbeiter an, musste dort jedoch ebenfalls gehen, weil er während der Arbeit trank. Im Dezember 1966 begann er als Traktorist bei der LPG Colbitz.
Im selben Jahr wurde er wegen mehrerer Straftaten zu einer Bewährungsstrafe von drei Jahren verurteilt. 1968 musste er ins Gefängnis einziehen, weil er einen Mann schwer zusammengeschlagen hatte.

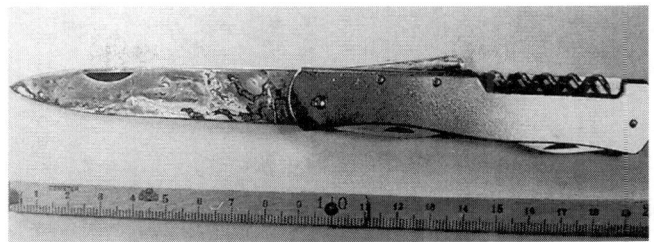
Die Tatwaffe

Als er am 2. Juli auf Renate einsticht, laufen erneut zwei Ermittlungsverfahren gegen ihn. Am 24. Juni 1970 hatte er in der Konsumgaststätte Colbitz mit einem zerschlagenen Bierglas auf einen Mann eingeprügelt und ihn verletzt. Sechs Tage später war er an einer Schlägerei im „Volkshaus" beteiligt.
In der Mordnacht läuft der 21-Jährige nach der Tat zum Haus eines Freundes. Er klopft ans Fenster. Als Joachim D. öffnet, sagt E.: „Ich habe eine umgebracht." Bei seiner Zeugenaussage gibt D. später an: „Ich hab gedacht, der ist besoffen. ‚Geh nach Hause. leg dich hin', habe ich ihm geraten." Selbst, als er gesehen hatte, dass der rote Rollkragenpullover und die Nietenhose blutverschmiert waren, wollte er nicht glauben, was er gerade gehört hatte.
Jürgen E. schleicht sich nach Hause und tritt dort ans Bett der Mutter. Als sie aufschreckt und fragt, was los ist, antwortet er: „Ich will dich noch mal sehen. Die holen mich gleich ab." Dann versteckt er sich im Wald.
Doch eine halbe Stunde später geht er zurück zum elterlichen Hof. Im Keller trinkt er drei Flaschen Obst-

wein und nimmt sich dann einen Strick. Jürgen E. stellt eine Leiter an den Stall und befestigt den Strick an einem Eisengriff. Da hört er jemanden auf der Straße kommen.
Er klettert zum Nachbargrundstück und sieht von dort, dass drei Uniformierte den Hof seiner Eltern betreten. Wieder flieht er in den Wald.
Wenig später ist er erneut bei seinem Freund. Doch E. trifft nur die Großeltern von Joachim D. an. „Stell dich, Junge", raten ihm die Rentner. Dann geben sie ihm eine Schlaftablette und eine Decke.
Es ist 8.15 Uhr. Der junge Mann ist im Strohschuppen gerade eingeschlafen, da wird er von Polizisten geweckt.
Als der Magdeburger MUK-Chef, Adalbert Winter, Jürgen E. wenig später fragt, ob er weiß, warum er vorläufig festgenommen wurde, antwortet er: „Weil ich Renate mit dem Messer gestochen habe." Um 13.35 Uhr erlässt das Kreisgericht Wolmirstedt Haftbefehl.
Weil zwei Anzeigen wegen Körperverletzung liefen, er damit rechnete, wieder in Haft zu kommen, und er wusste, dass es mit Renate vorbei ist, habe er das Mädchen getötet, erklärt der Täter beim Verhör. „Es sollte sie auch kein anderer kriegen." Als die 17-Jährige ihm am 2. Juli die Halskette zurückgab, die er ihr geschenkt hatte, habe er das Schmuckstück in die Jackentasche gesteckt und dabei das Messer herausgezogen, gibt er zu.
Am 7. Juni 1971 beginnt vor dem III. Strafsenat des Bezirksgerichts Magdeburg der Prozess. Neun Tage später verkündet der Vorsitzende Richter Pfeiffer das Ur-

teil: lebenslange Haft wegen Mordes und gefährlicher Körperverletzung.
Der 5. Strafsenat des Obersten DDR-Gerichts verwirft am 18. Juni desselben Jahres die Berufung.
Im Zuge der allgemeinen Amnestie anlässlich des 38. Jahrestags der DDR wird die Haftstrafe 1987 auf 15 Jahre herabgesetzt. Am 8. Dezember 1987 wird Jürgen E. aus dem Gefängnis entlassen.
Die Beschwerde der Schwester von Renate P. gegen die Begnadigung hat keinen Erfolg.

Das tote Kind im Schrebergarten

26. Mai 1970 gegen 17 Uhr. Seit einer halben Stunde ist das knapp 3.000 Quadratmeter große Gartengrundstück in Magdeburg-Neustadt durch Polizisten abgesperrt. Kriminalisten suchen in mehr oder weniger baufälligen Gebäuden zwischen mannshohem Unkraut nach Hinweisen auf eine Elfjährige. Kathrin Dessau* wird seit 16 Tagen vermisst und einiges deutet darauf hin, dass ihre Spur zu der unübersichtlichen Parzelle mit der teilweise eingestürzten Steinlaube, der alten Holzunterkunft, den verkommenen Ställen, dem Hundezwinger, dem Brunnenschacht und dem Ziegelrohbau führt.

In den Räumen, die mit Gerümpel, Bauschutt, Baumaterial und Papier vollgestopft sind, suchen Ermittler nach möglichen „Spurenträgern". In der alten Laube mit zwei Räumen – einer Abstellkammer für diverse Gartengeräte, der andere mit Tisch, Stühlen, Sofa und einem alten Kühlschrank – stellen sie eine Zigarettenschachtel „Carré" mit verdächtigen rotbraunen Flecken sicher. Ebenso ein Sofakissen. Auf dem grünen Seidenbezug sind ähnliche Flecken. Die Vermutung, dass es sich dabei um Blut handelt, bestätigt sich jedoch später nicht.

Im Garten schnüffeln „Daysi" und „Hummel", zwei Leichensuchhunde von der Spezialschule in Pretzsch. Als sich Daysi an der Hinterfront des Rohbaus vor einen Zweighaufen setzt und ihren Hundeführer anschaut,

Die Polizei suchte im Mai 1970 in diesem Schrebergarten nach der vermissten Kathrin Dessau. Ein Spürhund fand schließlich die Stelle (weißer Ring), an der ihr Mörder sie verscharrt hatte.

ist es 17.30 Uhr. Der Polizist weiß: Die Hündin hat etwas gefunden.

Ein Kriminalist nimmt die angespitzte Suchstange und drückt sie behutsam ins Erdreich. Etwa 30 Zentimeter unter der Oberfläche stößt er auf leichten Widerstand. Dann beginnt er zu graben. Ein grauer Fernsehüberzug wird sichtbar. Als der Polizist den Stoff an einer Ecke zurückschlägt, ist ein Oberarm zu erkennen.

Um 18 Uhr klingelt beim Chef der Kriminalpolizei in der Bezirkspolizeibehörde das Telefon. Der Kripo-Hauptmann wird darüber informiert, dass ein „verdächtiges Bündel" gefunden wurde. „Wahrscheinlich handelt es sich um die Leiche des vermissten Kindes", so die Meldung.

Kurze Zeit später steht er vor der Grube. Verwesungsgeruch schlägt ihm entgegen. „Dunkelblondes, schulterlanges Haar, hellrosa Pulli, marineblauer Strickrock, auf einem Finger den silbernen Ring mit hellblauem Stein", registriert der Chefermittler. Er hat die Beschreibung der gesuchten Elfjährigen fest im Kopf. Kein Zweifel, das Mädchen, das unnatürlich zusammengekrümmt und mit einer etwa drei Meter langen rotbraunen Kordelschnur verschnürt vor ihm liegt, ist die kleine Kathrin.

Am 10. Mai 1970 hatte Gabriele Dessau* ihre Tochter bei der Polizei in Magdeburg als vermisst gemeldet. „Ich habe Kathi so um 14 Uhr zum Hauptbahnhof geschickt, weil ich Sonntagabend noch zurück nach Leipzig wollte", so die 31-Jährige, die in der Messestadt an den Städtischen Bühnen als Tänzerin engagiert ist. „Ich habe ihr aus dem Fenster noch hinterhergerufen: ,Geh nicht allein. Nimm eine Freundin mit.'" Kathrin habe nur „ja, ja" zurückgerufen.

Da die geschiedene Frau an ihrem Arbeitsort wohnt und nur alle zehn bis 14 Tage nach Magdeburg kommt, lebt Kathrin während dieser Zeit im Haushalt ihrer 65 Jahre alten Oma in der Karl-Marx-Straße.

Bevor Gabriele Dessau zur Polizei gegangen war, hatte sie sich bei zwei Freundinnen nach ihrer Tochter erkundigt. Doch sie konnten ihr nicht sagen, wo die Elfjährige ist. Dann zählte sie auf dem Revier die Orte auf, wo die Tochter gewöhnlich spielt: „Domgarten, Fürstenwall, Pionierpark."

Ob es Streit mit der Tochter gegeben habe, hatte Kripo-Leutnant Arendt die Mutter gefragt. „Ich habe mit ihr geschimpft, weil sie sich ein paarmal umgezogen hatte", sagte diese aus. „Aber Kathrin ist nicht empfindlich. Wegen solcher Sache läuft sie nicht weg." Sie habe hin und her überlegt und könnte sich keinen Reim darauf machen, warum die Tochter nicht nach Hause gekommen ist. Sonst sei sie immer spätestens um 19 Uhr daheim. „Mit Fremden geht sie bestimmt nicht mit. Schon deshalb nicht, weil sie vor vier Jahren von einem Exhibitionisten angesprochen wurde und zu ihm ins Auto gestiegen ist. Davon müsste sie eigentlich genug haben."

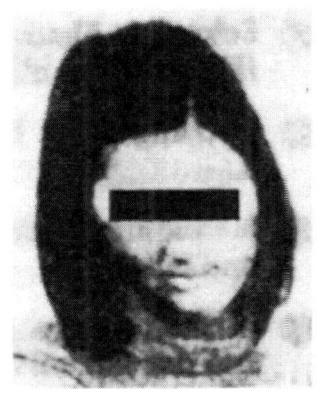

Das elfjährige Mordopfer Kathrin Dessau

Ob sie sich vorstellen könnte, dass ihre Tochter mit dem Zug weggefahren ist? Diese Möglichkeit räumte Gabriele Dessau ein, gab aber im selben Atemzug zu bedenken: „Kathi hatte nur eine Mark einstecken." Sie sei „sehr vernünftig für ihr Alter", vielleicht „etwas dickköpfig". Lernprobleme habe die Schülerin der 5. Klasse in der Hegel-Schule nicht.

Die Transportpolizei fragte bei der Auskunft im Hauptbahnhof nach. Doch beide Reichsbahner, die Dienst hatten, hatten kein Mädchen gesehen, auf das die Beschreibung passte.

Nachforschungen beim geschiedenen Ehemann der Mutter in Halle ergaben, dass Kathrin auch dort nicht aufgetaucht war. Am 12. Mai hatte Wolfgang Dessau* bei der Polizei ausgesagt, dass seine Tochter „vermutlich mit einem Bekannten mitgegangen" ist. „Sie lässt sich nicht mit Fremden ein. Sie ist ein Angsthase."

In dem Garten in Magdeburg-Neustadt, der gemeinsam von einem gewissen Helmuth Kimme* und dessen Mutter genutzt wird, weist der Kripochef am Abend des 26. Mai an, mit der eigentlichen Fundortarbeit bis zum nächsten Morgen zu warten. Es ist schon zu dunkel geworden. Der Befehl lautet: „Bis morgen früh: Höchste Verschwiegenheit, Fundstelle abdecken, Gelände sichern."
Um 7.45 Uhr werden die Ermittlungen in der verwilderten Anlage wieder aufgenommen. Die Fundstelle ist ein 80 Zentimeter tiefes Erdloch. Die Kleidung des Kindes ist zerrissen. Schwere äußere Verletzungen deuten darauf hin, dass das Mädchen Opfer eines Sexualverbrechens wurde.
Die Obduktion am selben Tag bestätigt den Verdacht. Todesursache ist Erwürgen. Der Täter, so das Gutachten, sei „sowohl bei der Notzucht als auch bei der Tötung mit außergewöhnlicher Brutalität vorgegangen".
Die Ermittler finden in der Grube eine gummierte Regenjacke und am Schlüsselbrett in der Wohnlaube Reste des rotbraunen Kordelbandes. Recht schnell ist für die Kripo zudem sicher, dass die Laube nicht der Tatort ist. Um 16 Uhr packen die Kriminaltechniker ihre Gerätschaften zusammen.
Helmuth Kimme, ein Kranfahrer aus der Großgaserei Magdeburg, steht nun unter dem dringenden Verdacht, die Elfjährige getötet zu haben.

Mit diesem Spaten vergrub der Mörder sein Opfer im Garten

Der 26-Jährige war den Mordermittlern aufgrund von Zeugenaussagen ins Visier geraten. Diese hatte die Kripo nach dem 10. Mai – als der Fall noch eine Vermisstensache war – wie bei einem Puzzle gesammelt und zusammengesetzt.

Ein wichtiger Anknüpfungspunkt war dabei die Aussage einer Freundin der Vermissten gewesen. Die elf Jahre alte Gabriele Gustge* aus der Otto-von-Guericke-Straße hatte der Polizei erzählt, dass Kathrin sie am 10. Mai gegen 14.30 Uhr abholen wollte. „Kommst du runter?", habe Kathi vom Hinterhof aus zu ihrem Fenster im Fünfgeschosser hinaufgerufen. „Ich will mich bloß noch umziehen", war Gabis Antwort. „Als ich nach ein paar Minuten auf den Hof kam, war Kathrin nicht mehr da."

Im Mietshaus wurden die Anwohner befragt. Mehrere haben die Vermisste zu dieser Zeit dort gesehen. Einige, die aus dem Fenster geschaut hatten, sahen das Kind mit den schulterlangen Haaren in der Hofeinfahrt verschwinden. Es kam jedoch nicht wieder heraus.

Bei der Überprüfung der Mieter des Hauses, in dem Familie Gustge wohnt, klingelten bei den Kriminalisten alle Alarmglocken. Zum ersten Mal tauchte der Name Helmuth Kimme auf. Er wohnt in der Nachbarwohnung. Der 26-Jährige ist vorbestraft: 1964 wegen Körperverletzung, 1967 wegen Notzucht. Er hatte seine halb gelähmte Tante missbraucht und sie dabei gewürgt.

Kimme wird als Zeuge vernommen. Die Ermittler haben das Gefühl, dass ihnen der junge Mann nicht die Wahrheit sagt.

Und noch eine Puzzleteil passte ins Bild. Eine Zwölfjährige aus der Nachbarstraße und ihre Freundin konnten sich daran erinnern, dass sie vor einiger Zeit von einem Mann angesprochen wurden. „Sabine und ich haben in der Einsteinstraße gespielt", berichtete Angelika Wanzer*. „Da hat einer gesagt: ‚Kommt mal rein, dann kriegt jeder fünf Mark. Ihr braucht keine Angst zu haben.'" Sie seien schnell zu Nachbarn gelaufen. Diese hätten die Polizei gerufen. Aber außer, dass der Mann jung war und einen Sommermantel anhatte, hatten sie damals nichts aussagen können.

Die Kriminalisten stellten am 25. Mai 1970 vier Passfotos zusammen. Die Aufnahmen zeigten sie Sabines Schwester, denn diese hatte den „Fünf-Mark-Mann" vom Fenster aus gesehen. Das Mädchen überlegte einen Moment und tippte dann auf das zweite Bild von oben: „Das hat sehr große Ähnlichkeit." Auf dem Foto: Helmuth Kimme.

Am nächsten Tag fanden die Mordermittler im Garten Kimmes das tote Kind.

Auch die Hinterhauswohnung des Tatverdächtigen in der 1. Etage mit Küche, Bad und Stube wird nun auf den Kopf gestellt. Bei der Durchsuchung findet die Polizei im Wohnzimmerbüfett neben dem Sofa unter dem

Alpenlandschaft-Wandteppich eine rotbraune Kordelschnur. Identisch mit dem drei Meter langen Stück, mit dem die Leiche gefesselt war. Auf dem Boden des großen, alten Wohnzimmerschranks finden sie Zeitungen. Sie kleben am Holzboden fest. So, als seien sie feucht gewesen und danach angetrocknet.

Am 26. Mai wird Kimme erstmals als dringend Tatverdächtiger verhört. Am 10. Mai sei er von 7 Uhr bis 16 Uhr ununterbrochen im Garten im Neustädter Feld gewesen, sagt er. „Ich habe dort Löcher für Zaunpfähle gebuddelt. Bis 22 Uhr war ich dann bei meiner Freundin und bin gegen 22.30 Uhr wieder im Garten gewesen. Ich habe in der Laube übernachtet."
„Was können Sie zum Verschwinden des Kindes Kathrin Dessau sagen?", fragt sein Gegenüber. „Am 13. oder 14. Mai habe ich darüber in der ‚Volksstimme' gelesen.", lautet die Antwort.
Kurz vor 19.45 Uhr die entscheidende Feststellung: „Sie haben etwas mit der Sache zu tun. Geben Sie es zu." Die ausweichende Antwort: „Ich wüsste nicht, in welcher Form."
Was Kimme nicht weiß, ist, dass sein Alibi inzwischen wackelt. Zwar hatte seine 20 Jahre ältere Freundin zuerst seine Version des Tagesablaufs gedeckt. Doch kurz darauf revidierte Anneliese Hundt* ihre Aussage. Sie habe die Wochenenden verwechselt, entschuldigt sie sich. „Helmuth wollte mittags zum Essen zu mir kommen. Aber er kam erst so um 15.30 Uhr."
Auch Kimmes Mutter bestätigt die Version ihres Sohnes nicht. „Helmuth ist an dem Sonntag mittags vom

Garten losgefahren. So um 13 Uhr." Für eineinhalb Stunden hat Kimme kein Alibi.

„Warum bist du so spät gekommen?", hatte ihn die Freundin, die bereits allein gegessen hatte, nicht besonders erfreut gefragt: „Habe so lange im Garten gearbeitet", seine Antwort. Als er ihre gekräuselte Stirn gesehen habe, bat er um gut Wetter: „Kriege ich kein Küsschen?"

Sie habe ihm das Mithilfeersuchen in der „Volksstimme" gezeigt. „,Solche Menschen muss man hart bestrafen', hat mein Freund gesagt." Nach dem Essen legte sich Kimme hin. „Er hat Jacke und Hose ausgezogen. Sein dunkelgrünes Nylonhemd hatte Flecken. Es sah aus, als ob etwas ausgerieben wurde." Sie habe das Hemd gewaschen, und als Kimme gegen 18.30 Uhr aufstand, habe er sich mit den Worten bei ihr bedankt: „Prima, das ist ja schon trocken." – „Dann sind wir in Helmuths Wohnung gegangen. Er ist voraus, ich bin eine halbe Stunde später hinterher."

Als Anneliese Hundt ihren Mantel in den großen Kleiderschrank hängte, ahnte sie nicht, dass auf dem Boden eine Leiche lag. Zugedeckt mit Arbeitskleidung und Bettwäsche.

Inzwischen haben sich Zeugen gemeldet, die Kimme am 19. Mai dabei beobachtet hatten, wie er gegen 17 Uhr einen „schweren Fernsehkarton" auf der Schulter über den Hof trug. Die Kriminalisten vermuten, dass er darin das tote Kind aus dem Haus geschafft hatte. Doch dieser Verdacht soll sich später nicht bestätigen.

Am 27. Mai erlässt das Kreisgericht Mitte Haftbefehl wegen Mordverdachts.

Auf diesem Sofa vergewaltigte Helmuth Kimme sein elfjähriges Opfer und brachte es anschließend um

Einen Tag später sitzt Kimme erneut im Verhörzimmer. Das Procedere kennt er bereits. Am Anfang kommen Fragen zum Lebenslauf. „In der Schule hatte ich Probleme", erzählt er, „trotz Nachhilfe. Nach der 5. Klasse bin ich 1957 raus." Zuerst habe er ein Jahr in einer Sudenburger Autokühlerbaufirma gearbeitet, dann bis 1960 in der Bonbonmaschinenfabrik.

„1961 habe ich mich freiwillig zur NVA gemeldet, an die Grenze. Ein Jahr später bin ich dann aber vorzeitig entlassen worden." Er macht den Schweißerpass. Nächste Arbeitsstellen sind die Werkzeugmaschinenfabrik, der VEB Schwermaschinenbau „Karl Liebknecht", die Schiffswerft Rothensee und seit 1968 die Energieversorgung – Großgaserei.

Dann fragt ihn der Kriminalist direkt: „Ist Ihnen bekannt, welcher Straftat Sie beschuldigt werden?" – „Ja, ich habe den Mord begangen", räumt Kimme ein.

Und er redet weiter: „Am 10. Mai bin ich nach dem Garten nach Hause gefahren. Beim Blick durchs Küchenfenster habe ich im Hof ein Mädchen hin und her

springen sehen." Das Mädchen gefiel ihm und er habe das Fenster geöffnet und gerufen: „Komm doch mal rauf!"
Den weiteren Ablauf schildert Kimme immer wieder anders. Er versucht, durch Lügen und Halbwahrheiten seine Tat zu bemänteln. Doch letztlich rückt er mit der Wahrheit heraus.
„Als die Elfjährige vor meiner Wohnungstür stand, hat sie gesagt: ‚Ich darf mit Fremden nicht sprechen.'" Daraufhin habe er sie am Unterarm gegriffen und ins Wohnzimmer gezerrt. „Auf der Schwelle sind wir gestürzt. Das Mädchen war benommen. Ich habe es aufs Sofa gelegt, um mit ihm zu verkehren." Plötzlich habe es sich auf dem Sofa aufgerichtet und wollte schreien. „Damit die Kleine das nicht tut, habe ich ihr den Kehlkopf zugedrückt, bis sie weißen Schaum vorm Mund hatte." Danach habe er nach den Herztönen gefühlt und keine festgestellt.
Kimme trug die Leiche in die Badewanne, stellte sich dazu und duschte sich ab. „Als ich gegen 20 Uhr von meiner Freundin kam, lag der Körper zwei Drittel im Wasser. Ich hatte den Hahn nicht ganz geschlossen." Da Anneliese Hundt wenige Minuten später nachkommen wollte, hatte er die Tote im Schrank versteckt. Um 23 Uhr, als seine Freundin wieder gegangen war, habe er sich entschlossen, die Leiche im Garten zu vergraben. „Ich habe sie verschnürt, eine Gummijacke herumgelegt und sie in einer Fernsehhülle verpackt." Gegen 2.30 Uhr habe er die Tote im Rucksack in den Garten gebracht.
Am 22. Juni 1970 versucht es Kimme mit einer neuen Strategie. „Ich bin an dem Mittag ganz schön dun

gewesen", sagt er. Drei bis fünf Flaschen Bier habe er bei der Gartenarbeit getrunken. Doch seine Mutter und sein Stiefvater, die bei der Gartenarbeit dabei waren, hatten lediglich von zwei Flaschen Bier gesprochen.
Nachdem der letzte Versuch, sich auf Trunkenheit herauszureden, nicht fruchtete, sagt Kimme zu einem anderen Untersuchungshäftling, dass er sich das Leben nimmt, wenn er mehr als zehn Jahre Haft bekommt. Die Gefängnisleitung lässt ihn von nun an besonders beobachten.
Der III. Strafsenat am Bezirksgericht Magdeburg verhängt nach vier Prozesstagen am 8. Februar 1971 das Urteil: lebenslänglich wegen Mordes, Vergewaltigung und sexuellen Missbrauchs eines Kindes. Das Oberste Gericht der DDR lehnt die Berufung am 28. April 1970 ab. Am 12. Dezember 1989 wird Kimme aufgrund eines Gnadenentscheids die Reststrafe erlassen.

Der Ripper von Magdeburg

Hauptmann der Kriminalpolizei Ernst Schmidt ist der erste Kriminalist, der am Mittag des 24. Februar 1973 die Dachwohnung am Magdeburger Südring 112 betritt. Schutzpolizisten haben die Kripo informiert. Sie sind von Hausbewohnern darauf aufmerksam gemacht worden, dass in der Wohnung von Ingrid R. (22) „irgendetwas nicht stimmt".

In der Nacht vom 23. auf den 24. Februar habe es großen Radau gegeben, auch von Schreien ist die Rede. Aber noch verdächtiger ist den Mietern die Stille, die seitdem dort oben herrscht. Beim Blick durchs Schlüsselloch der beschädigten Wohnungstür glaubt ein Bewohner, Blut zu erkennen.

Was der stellvertretende Leiter der Morduntersuchungskommission vorfindet, hat sich bis heute in sein Gedächtnis eingebrannt. „Alles war voller Blut – die Küche, die Stube, die kleine Kammer. Es sah aus wie in einem Schlachthaus", sagt der jetzige Rentner zur „Volksstimme".

Mörder Peter A., der „Ripper von Magdeburg"

Die Ermittler waten regelrecht im Blut. Sie finden die Leichen zweier Frauen. Die 17-jährige Ilona J. liegt nur mit einem Pullover bekleidet in der Stube auf dem Boden, ihre Freundin Ingrid R. auf dem Sofa.

Kripo-Leutnant Siegmar Ludwiczak ist als Kriminaltechniker der Mordkommission dafür zuständig, den Tatort zu dokumentieren. Er macht Fotos. Bei ihrer Tatortarbeit finden die Kriminalisten von der Bezirksbehörde der Deutschen Volkspolizei (BdVP) auf einem Sessel unter einem Kleiderberg den Personalausweis von Frank L. „Zuerst haben wir gedacht, dass L. der Mörder ist und seine Papiere vergessen oder verloren hat", blickt Ludwiczak zurück.

Doch diese These hat nur Minuten Bestand. Während Schmidt bereits unterwegs ist, um die Fahndung einzuleiten, wird ein dritter Toter gefunden. „Als ich in der Kammer das Kinderbett voller Müll sah, habe ich gedacht: ,Um Himmels willen, finden wir noch das Kind von Ingrid R.?'", erinnert sich der Kriminaltechniker. Doch es ist an diesem Tag bei der Oma.

Aber der Kripo-Fotograf macht eine andere schreckliche Entdeckung. Als er den Haufen Kleidung näher betrachtet, der neben dem Kinderbett liegt, sieht er einen Fuß aus der Wäsche ragen. „Wir fanden die unbekleidete Leiche Frank L.s", sagt Ludwiczak. Der 20-Jährige war wie die anderen beiden Opfer erstochen worden. Ludwiczak: „Wir waren einiges gewöhnt, aber was wir da vorfanden ..." Der Einsatzleiter ordnet „N 2" an – Nachrichtensperre. Alles, was von nun an über Funk an die BdVP geht, wird verschlüsselt.

 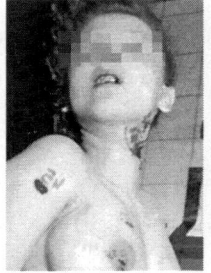 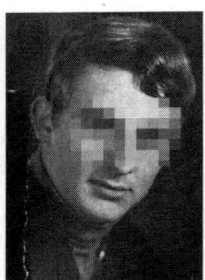

Opfer Ingrid R. (22)   Opfer Ilona J. (17)   Opfer Frank L. (20)

Die Ermittlungen im familiären Umfeld der Toten führen bereits wenige Stunden später auf eine heiße Spur. Dieter S., der Stiefvater von Ingrid R., erzählt der Mordkommission, dass er bis gegen Mitternacht im Haus am Südring gewesen ist. Seine Aussage bringt den entscheidenden Ermittlungsansatz.

Am 23. Februar 1973 hatte Dieter S. seiner Stieftochter und ihrer Freundin Ilona J. beim Möbeltransport geholfen. Abends sei dann Peter A. dort aufgetaucht. Der 20-Jährige war mit Ilona J. befreundet gewesen, bis die Beziehung auseinandergegangen war.

Beim Namen Peter A. wird die Kripo hellhörig. Natürlich kennen die Magdeburger Kriminalisten das Vorstrafenregister des 20-Jährigen. Recht früh schon hatte das damalige Heimkind eingebrochen und gestohlen. 1969 kam es deshalb in einen Jugendwerkhof. 1971 wurde A. zu einer Haftstrafe verurteilt. Er war mit einem Messer auf seinen Vater losgegangen. 1972 wurde er entlassen. Seitdem lebte der junge Mann mit Ilona J. zusammen. Als er nach erneuten Einbrüchen wieder in den Knast kam, zog die 17-Jährige bei ihrer Bekannten Ingrid im Südring ein. Ilona war nun mit dem Bahnpost-Kraftfahrer Frank L. befreundet.

Als A. abends in die Wohnung am Südring kommt, ist er gerade drei Tage aus der Haft entlassen. Das will er feiern. Es wird Sekt getrunken. Aber richtige Stimmung – so die Aussage des Stiefvaters – sei nicht aufgekommen. A. habe den ganzen Abend „dumme Bemerkungen zu Ilona gemacht" und sich keine Mühe gegeben, seine Eifersucht zu verbergen.

Am späteren Abend klingeln zwei junge Männer an der Wohnungstür. Es sind Joachim A., der später für kurze Zeit als Tatverdächtiger festgenommen wird, und Frank L. Das ist Öl in A.s Eifersuchtsfeuer. Doch vorerst kann er sich noch mühsam beherrschen.

Kurz nach Mitternacht verlassen Dieter S., Joachim A. und Peter A. die Wohnung. „Ich habe gedacht, dass Peter A. nach Hause will", sagt später Ingrids Stiefvater.

Das stimmte zwar, denn A. nimmt den letzten Bus nach Buckau. Doch unterwegs macht ihn seine Eifersucht rasend. Er geht in seine Wohnung in der Karl-Schmidt-Straße, nimmt sein Fahrtenmesser und läuft zurück zum Südring.

„Wir haben später rekonstruiert", sagt Kriminaltechniker Ludwiczak, „dass A. über den Bretterzaun auf den Hof des Hauses geklettert und von dort durch ein Fenster der Gemeinschaftstoilette in den Treppenaufgang gelangt ist."

Es ist 2 Uhr, als der Eifersüchtige die Wohnungstür auftritt. Er sieht den unbekleideten Frank L. vor sich.

Die Küche war wie alle anderen Zimmer der Tatwohnung mit Blutlachen übersät

A. greift zum Messer und sticht auf den Mann ein. Später, bei der Obduktion, werden 65 Einstiche festgestellt. L. wehrt sich, so gut er kann. Doch gegen den Rasenden, der sich in der kleinen Küche in einen Blutrausch steigert, hat er keine Chance.
Ilona J. versucht ihrem Freund zu helfen. Sie wird von über 80 Messerstichen getroffen. Die 17-Jährige wird bewusstlos.
Ingrid R., die in der Stube auf dem Sofa liegt, ist gelähmt vor Angst. Was um sie herum geschieht, macht sie unfähig, um Hilfe zu rufen oder wegzulaufen. A. setzt sich zu ihr aufs Sofa, redet auf die 22-Jährige ein. Erst da dringt ihr ins Bewusstsein, was sich in den letzten Minuten abgespielt hat. Sie schreit, schlägt um sich. A. hebt das Messer und zieht es mit großer Gewalt über den Hals des Opfers. Er zerfetzt die Kehle von Ingrid R.

„Dann legte er seine inzwischen ebenfalls tote Ex-Freundin Ilona im Wohnzimmer ab. In einer Art Kulthandlung bedeckte er sie mit einer Decke und streifte ihr den Ring vom Finger", beschreibt Kriminaltechniker Ludwiczak den Hergang. Peter A. kippt den Müll aus einem Eimer ins Kinderbett. Zuvor nimmt er aus dem Bett Kleidung und Bezüge und wirft alles über den Körper von Frank L. Dann säubert er sich im Eimer vom Blut seiner Opfer.

A. bleibt noch Stunden in der Wohnung am Südring, trinkt Wein und Bier. Bevor er nach Hause geht, zieht er die Sachen von Frank L. an und nimmt Geld aus dessen Brieftasche.

Als Kriminal-Hauptmann Ernst Schmidt am 25. Februar 1973 nach fast 24 Stunden Tatortarbeit das Mord-Haus am Magdeburger Südring verlässt und nach Hause geht, hinterlässt er blutige Schuhspuren im frisch gefallenen Schnee. Zu diesem Zeitpunkt hat sich der Verdacht gegen Peter A. bereits erhärtet.

Am selben Montag warten drei Kriminalisten in A.s Wohnung in Magdeburg-Buckau. Als der 20-Jährige nach Hause kommt, wird er festgenommen. Bei der Wohnungsdurchsuchung finden die Kriminalisten in den Hausmülltonnen Hose und Hemd des Verdächtigen. Beide sind blutgetränkt. Auch zwischen den Zehen wird Blut festgestellt. Es wird als das eines der Opfer analysiert.

Peter A. gesteht die Tat. Sein Geständnis deckt sich mit den Erkenntnissen der Rechtsmediziner und der Kriminaltechniker. Nur das Messer fehlt. Das habe er auf dem Südfriedhof weggeworfen, erklärt A. „Wir haben

Das Mordhaus am Südring

mit einem Minensuchgerät die bezeichnete Stelle abgesucht", erinnert sich Ludwiczak, „aber die Tatwaffe nie gefunden."

Anfang Februar 1974 findet vor dem III. Strafsenat des Magdeburger Bezirksgerichts der Prozess gegen Peter A. statt. Das Gutachten des psychiatrischen Haftkrankenhauses Waldheim bescheinigt dem Täter volle Zurechnungsfähigkeit. Zwar habe er „ungünstige Entwicklungsbedingungen" aufgrund schwieriger familiärer Verhältnisse gehabt, „doch stets wurde ihm durch die Fürsorge in unserem Staat die Möglichkeit gegeben, ein ordentlicher Mensch zu werden", schreibt der „Volksstimme"-Gerichtsreporter am 7. März 1974.

Der Bezirksstaatsanwalt beantragt „aufgrund der Schwere der Straftat und zum Schutze der Bürger unseres sozialistischen Staates" die Todesstrafe. In seinem letzten Wort bittet A. um ein mildes Urteil.

Am 11. Februar schließt sich das Gericht aufgrund der „Skrupellosigkeit des Täters, der sich außerhalb der Gesellschaft gestellt hat" dem Antrag des Staatsanwalts an.
Im April 1974 weist das Oberste Gericht die Berufung im Fall Peter A. als unbegründet zurück. Damit ist das Magdeburger Urteil rechtskräftig.

Zwei Jahrzehnte vergehen und nur die älteren Magdeburger wissen noch, was sich 1973 in dem Eckhaus am Südring für eine Tragödie abgespielt hat.
Da taucht der Name Peter A. plötzlich wieder auf. Der inzwischen 41-Jährige hat am 22. März 1995 erneut einen Menschen umgebracht. Erst da erfährt die Öffentlichkeit, dass der „Ripper von Magdeburg" 1974 nicht hingerichtet wurde.
Die politische Situation hatte A. vor dem Henker gerettet. Es war die Zeit der Konferenz für Sicherheit und Zusammenarbeit in Europa. Kritisch wurde registriert, dass es in der DDR immer noch die Todesstrafe gab. Die Regierung wollte ein politisches Zeichen setzen. Wenige Stunden vor der Hinrichtung wurde Peter A. vom DDR-Staatsratsvorsitzenden begnadigt.
Mit ausschlaggebend für diese Entscheidung war, dass sich das Büro des Berliner Rechtsanwalts Professor Friedrich-Karl Kaul noch einmal des Falls angenommen hatte. Der renommierte DDR-Anwalt stützte sich darauf, dass an den Füßen Ilona J.s nicht nach möglichen Blutanhaftungen gesucht worden war. Ilona hätte Franks Blut unter den Füßen haben müssen, weil der 20-Jährige vor ihr starb. Kauls Theorie, die beiden

Frauen, Ilona J. und Ingrid R., seien bereits tot gewesen, als Peter A. Frank L. erstach, konnte somit nicht mehr zweifelsfrei widerlegt werden.

Der Magdeburger Rechtsanwalt Werner Goslicki – wie Kaul ein erklärter Gegner der Todesstrafe – besuchte seinen Mandanten 15 Jahre im Brandenburger Gefängnis. A. habe nie eine menschliche Regung gezeigt, sagte der Anwalt später. „Er hat seine Wahnsinnstat bis zuletzt gerechtfertigt. Mir war klar, dass dieser Mann immer gefährlich bleiben würde." Keine Justiz habe das Recht, Menschen zu töten, aber sie habe die Pflicht, Mörder wie Peter A. dauerhaft zu isolieren.

Doch genau das tut die Justiz im Falle des Dreifachmörders nicht. Es ist erneut ein politisches Ereignis, das dem Magdeburger 1991 die Freiheit bringt.

Nach der Wiedervereinigung wurden alle Lebenslänglich-Urteile der DDR überprüft. Bei A. wird festgestellt, dass er zur Tatzeit 20 Jahre alt war. Nach bundesdeutschem Jugendstrafrecht hätte er maximal zu zehn Jahren Haft verurteilt werden können. A. wird entlassen.

Er taucht im Rotlichtmilieu unter, arbeitet unter anderem als Zuhälter von tschechischen Prostituierten und als Autoschieber.

Opfer Melanie J. (16)

Am 22. März 1995 erschlägt er – nach eigenen Worten stark angetrunken – die Gymnasiastin Melanie J. (16) in seiner Brandenburger Wohnung mit einer Schnapsflasche. Sie habe ihn „sexuell animiert und dann verhöhnt", sagt er später vor Gericht.
Ein paar Tage lässt er die Tote im Schlafzimmer liegen, dann versteckt er sie auf dem Gelände einer ehemaligen Russenkaserne in Brandenburg-Plau. Am 27. März stellt er sich der Polizei.
Elisabeth S., die Mutter der 22 Jahre zuvor in Magdeburg erstochenen Ingrid R., ist fassungslos, als sie hört, dass Peter A. noch lebt. „Uns hat man damals gesagt, dass er im Gefängnis gestorben ist. Hätte man ihm damals das Handwerk gelegt, wäre es nicht zu der Tat in Brandenburg gekommen."
Am 21. Dezember 1995 wird der „Ripper von Magdeburg" zu 13 Jahren Haft wegen Totschlags verurteilt. Auch diesmal wird ihm volle Schuldfähigkeit attestiert. An der Höchststrafe für Totschlag – 15 Jahre Haft – kommt er allerdings vorbei. Das Potsdamer Landgericht hält A. zugute, dass er zu DDR-Zeiten bereits „acht Jahre zu lange in Haft" gesessen hat.
Im März des Jahres 2008 wird Peter A. aus der Haft entlassen.

BERND KAUFHOLZ
Das Beil des Henkers Reindel

Die spektakulärsten Kriminalfälle
1602–1948

Spektakuläre Kriminalfälle Best-of
Band 1

BERND KAUFHOLZ
Die Rohrleiche von Graben 13

Die spektakulärsten Kriminalfälle der DDR
1973–1988

Spektakuläre Kriminalfälle Best-of
Band 3

BERND KAUFHOLZ, geboren 1952 in Magdeburg, studierte Maschinenbau und später Journalistik. Seit 1976 ist er Reporter bei der „Volksstimme" in Magdeburg (unterbrochen von vier Jahren im öffentlichen Dienst von 2012 bis 2016). Seine Bücher über authentische Kriminalfälle trugen ihm den Titel „Ehrenkommissar des Landes Sachsen-Anhalt" (2002) und eine Beförderung zum „Oberkommissar ehrenhalber" (2011) ein. Er lebt im Jerichower Land.

Made in the USA
Monee, IL
15 May 2023